“Ce guide spirituel très pr[illegible] in-cluant les Sûtras du Yoga de Patanja[illegible] Yoga de Babaji, les textes des Siddhas tamouls, la philosophie de Sri Aurobindo et les connaissances provenant d'études contemporaines sur le cerveau. Écrit dans un langage accessible, ce livre aidera ses lecteurs à comprendre la quête sur le sens profond de la vie, et procure une boîte à outils pour inspirer le voyageur sur le plus important des voyages. Une lecture extrêmement agréable !”

Christopher Key Chapple est directeur et professeur « Doshi » en théologie hindoue et en théologie comparative à **Loyola Marymount University**, Master en études sur le Yoga

---

“La véritable illumination n'est pas uniquement d'avoir un état d'esprit élevé, mais plutôt un changement complet de conscience, partant de l'ego limité à la réalisation du Soi suprême dans laquelle nous faisons un avec toute existence – s'étendant au-delà du temps et de l'espace.

Marshall Govindan révèle les secrets des Siddhas du Yoga et leurs pratiques transformatrices pour vous aider à vous approcher de cette illumination suprême en tant que but ultime de tout ce que vous faites.”

Dr David Frawley (Pandit Vamadeva Shastri)
Directeur de l'**American Institute of Vedic Studies**
Enseignant de yoga, d'ayurveda et de jyotish
Récipiendaire du prix Padma Bhushan du Président de l'Inde
Auteur de plus de trente livres dont *Shiva, the Lord of Yoga*.

“Dans cet ouvrage, *L'illumination : ce n'est pas ce que vous pensez*, Govindan livre les trésors des maîtres Siddhas à votre porte.

Ici, il définit de manière succincte et claire les techniques éprouvées par ces maîtres pour éliminer les obstacles – nos afflictions profondes de peur, de doute et toutes formes de souffrances et tristesses qui obstruent le flot incessant de notre luminosité et bonheur intrinsèque. *L'illumination* est une lecture indispensable, car il est pratique, simple et significatif… C'est un outil essentiel que nous pouvons utiliser pour trouver le but de la vie.”

Pandit Rajmani Tigunait, Ph. D.
Directeur spirituel de l'**Himalayan Institute**
Enseignant, auteur, humanitaire et dirigeant spirituel visionnaire

“Le plus récent livre de Marshall Govindan, *L'illumination : ce n'est pas ce que vous pensez*, décrit l'illumination en tant que maintien d'une conscience continuelle (homogène, complète) de la Réalité sous-jacente, soit un état d'être, plutôt qu'un état de réflexion ou de silence, qui peut être atteint par la pratique du Kriya Yoga, tel qu'expérimenté et appris par Kriya Babaji Nagaraj. C'est un LIVRE INDISPENSABLE à tous les praticiens du yoga.”

Dr T.N. Ganapathy, Ph. D.
Directeur
Tamil Yoga Siddha Research Center
Ashoknagar,
Chennai 600 083
Tamil Nadu, INDE

“Nous avons tous au fond de nous-mêmes la qualité de la joie innée et sous-jacente, qui est toujours présente, immuable et disponible, peu importe la circonstance intérieure ou extérieure. Comment se fait-il, alors, que nous n'expérimentions pas cette joie immuable en chaque instant ? Voilà la question essentielle qui change une vie que Marshall Govindan explore et nous implore de comprendre, ainsi que la réalisation, dans son livre : *L'illumination : ce n'est pas ce que vous pensez*. Marshall nous offre un guide puissant d'enseignements merveilleux qui nous offre des réponses à la fois simples et directes sur comment reconnaître et mettre en lumière les obstacles qui autrement nous empêcheraient de réaliser notre droit fondamental, la joie immuable. Ce livre est véritablement un guide pour tous ceux qui veulent s'éveiller au-delà de l'égocentrisme vers l'ouverture du cœur et la paix éternelle.”

Dr Richard Miller, Ph. D.
Auteur des ouvrages suivants : ***Yoga Nidra: The Meditative Heart of Yoga*** et ***iRest Meditation: Restorative Practices for Health, Resiliency and Well-Being***

L'illumination : ce n'est pas ce que vous pensez

par

Marshall Govindan

Le Kriya Yoga et les Éditions de Babaji inc.

St-Étienne-de-Bolton, Québec, Canada

L'illumination : ce n'est pas ce que vous pensez

Par Marshall Govindan

Traduction de l'édition originale en anglais : Enlightenment: It's Not What You Think publié en 2016 par Babaji's Kriya Yoga and Publications, Inc.

Publiée par
Le Kriya Yoga et les Éditions de Babaji inc.
196 Chemin de la Montagne,
Boîte postale 90,
Eastman, Québec, Canada J0E 1P0
Téléphone : 450-297-0258 ; 1-888-252-9642 ; télécopieur : 450-297-3957
www.babajiskriyayoga.net email : info@babajiskriyayoga.net

ISBN 978-1-987972-02-3

Traduction de Françoise Laumain et Johanne Abran
Conception graphique et mise en page : David Lavoie

Imprimé et relié au Canada

Toutes les précautions ont été prises pour retracer les détenteurs de droits sur le matériel contenu dans ce texte. L'éditeur invite ceux-ci à lui faire part de toute référence incorrecte ou omise dont une prochaine impression tiendra compte.

Catalogage avant publication de Bibliothèque et Archives Canada

Govindan, Marshall
[Enlightenment. Français]
L'illumination : ce n'est pas ce que vous pensez / Marshall Govindan ; traduction de Johanne Abran et Françoise Laumain.

Traduction de : Enlightenment : Its Not What You Think
Comprend des références bibliographiques et un index.
ISBN 978-1-987972-02-3 (couverture souple)

1. Vie spirituelle. I. Titre. II. Titre : Enlightenment. Français.

BL624.G6814 2016 204'.2 C2016-902898-4

ॐ Table des matières ॐ

ॐ Introduction ॐ

Lire ou parler d'« illumination » est un défi, car cela ne correspond pas à ce que l'on pense. Les mots qui la décrivent sont inadéquats, ce sont comme les mots qui figurent sur le menu d'un restaurant. L'illumination aussi doit être dégustée. Toutefois, certaines descriptions pourraient vous préparer à en avoir un premier aperçu et vous guider ensuite pour l'atteindre.

Laissez-moi vous poser une question personnelle pour commencer : « *Pourquoi avez-vous ouvert ce livre* ? » Que répondriez-vous ? Une personne pourrait dire : « Je suis un chercheur de vérité qui se débat dans le monde matériel. » Une autre personne pourrait répondre par : « J'apprécie la méditation et j'ai entendu dire que l'illumination est le but ou le résultat ultime. » Quelqu'un d'autre pourrait dire : « Je voudrais trouver la paix mentale » ; ou « Je traverse une crise existentielle, je cherche des réponses à ma souffrance mentale. » Un autre pourrait répondre : « Je cherche Dieu, je recherche une expérience spirituelle. » Ce sont toutes de bonnes raisons pour lire ce livre. Y a-t-il quelque chose que nous cherchons tous ? C'est probablement le bonheur. Tout le monde cherche le bonheur, même ceux qui ont peu de chances d'être touchés par la lecture de ce livre. Ils cherchent juste ailleurs. Certaines personnes cherchent le bonheur dans une relation ou un repas, ou dans une activité physique ou par la télévision. D'autres travaillent peut-être tard ce soir en pensant que le travail leur apportera le bonheur. Alors, trouver le bonheur n'est pas vraiment le problème.

La vraie question à vous poser est « *Pourquoi est-ce que mon bonheur ne dure pas* ? » Vous pouvez le trouver de tellement de façons différentes. Mais, vouloir s'y accrocher est comme vouloir attraper l'eau avec les mains et la regarder s'écouler si facilement. Ce n'est pas simplement votre problème personnel. Tout être humain sur terre cherche toujours à trouver le bonheur durable dans des choses qui ne durent pas. Tout change constamment. Rien ne dure, que ce soient les choses matérielles ou les sentiments. Réfléchissez aux jours ou aux moments de votre vie les plus heureux. Avez-vous pu conserver ces sensations douces ou excitantes ? Pourquoi se sont-elles interrompues ou perdues ? D'où viennent ces interruptions ?

Les Siddhas du Yoga, qui sont des maîtres réalisés et des psychologues modernes, seraient tous d'accord sur la raison pour laquelle votre bonheur s'en est allé. La cause en est le mouvement qui monte de l'esprit subconscient : les mémoires, les désirs, les peurs, les goûts, les aversions, les émotions et les expériences dont vous ne parvenez pas à vous défaire au quotidien. C'est la raison pour laquelle les Siddhas ont identifié la cause fondamentale de la souffrance humaine lorsqu'ils ont dit : « *Vous rêvez les yeux ouverts.* » Le matin, vous vous réveillez et vous commencez à rêver. « Où est mon café » ou « Où est ma cigarette… je n'ai pas envie d'aller travailler… je n'aime pas ce travail. » Et tout cela se répète souvent. D'où viennent ces rêves ? Les psychologues et les yogis seraient d'accord pour dire qu'ils viennent du subconscient en tant que tendances (*vasanas*), qui sont des fantasmes et incluent les désirs et les aversions dont nous ne parvenons pas à nous détacher, et en tant qu'habitudes (*samskaras*) de pensée, qui sont des mots et des actions, que notre subconscient est programmé pour répéter.

Pour illustrer ce propos, pensez à un moment mémorable de votre vie. Lorsque vous obtenez quelque chose que vous avez longtemps désiré : le travail idéal, la relation parfaite, la maison ou la voiture rêvée. Ce devrait être un des moments les plus heureux de votre existence. Mais que s'est-il passé ? Quelque chose s'est aussitôt produit et vous a perturbé ! Les pensées, les doutes, les peurs : « Ai-je fait le bon choix ? » ou « Et si je ne suis pas à la hauteur pour ce poste ? » ou vous pouvez commencer à désirer autre chose, davantage. Alors, en un instant, comme le nuage qui passe devant le soleil, votre bonheur vous échappe.

Patanjali a écrit au début de ses fameux *Sûtras du Yoga*, « Le yoga est le processus de cessation d'identification avec les fluctuations qui émergent de la conscience. »

Une pensée déprimante surgit et que se passe-t-il ? Vous vous identifiez à elle, vous l'accueillez, vous la possédez. Des pensées de peur arrivent et vous éloignent du bonheur qui était pourtant juste là ! Vous êtes comme quelqu'un qui est absorbé par le programme de la télévision. Ce n'est que lorsque l'émission s'est arrêtée que vous réalisez : « Oh, je dois revenir à ma vie ! »

Alors qui pense ces choses, qui vit cette vie ?

Les Siddhas du Yoga, des maîtres réalisés, n'ont pas seulement identifié la cause de la souffrance humaine ; ils ont aussi donné l'ordonnance pour guérir. Ils ont dit : « *Dans la vie, le niveau de bonheur est proportionnel à votre discipline.* » Ils ont utilisé le mot sanskrit *sadhana* pour suggérer un mental et un cœur disciplinés. Sadhana signifie tout ce que vous faites pour vous souvenir de qui vous êtes et tout ce que vous faites pour laisser de côté ce que vous n'êtes pas. C'est un défi difficile.

Dans les essais suivants, vous apprendrez comment appliquer cette ordonnance et découvrir qui vous êtes réellement.

Vous êtes Être Absolu, Conscience Absolue et Félicité Absolue. L'*Être* est ce qui est toujours ; il ne change jamais. Quelle partie de vous-même ne change jamais ? La *Conscience* est ce qui observe, elle est le témoin de chaque pensée, tout ce qui est perçu par les cinq sens, et chaque émotion. Elle ne fait rien. Elle est sans choix. La *Félicité*, à l'inverse du bonheur, est inconditionnelle. C'est la joie pure, et elle peut être ressentie lorsque le bonheur est détruit par des circonstances ou des évènements involontaires.

Mais d'abord, afin de vous permettre d'expérimenter ce à quoi les mots Être Absolu, Conscience Absolue et Félicité Absolue font référence et pas seulement penser à ce qui est au « menu », mais bien expérimenter, préparez-vous à suivre les instructions de cette méditation guidée.

Une méditation guidée

Avant de pratiquer, je vous suggère de lire plusieurs fois les instructions de cette méditation guidée afin de mémoriser les différentes étapes, ou bien d'enregistrer sous format électronique les instructions et de les écouter lors de la méditation.

Respirez profondément plusieurs fois. À l'inspiration, sentez que vous vous remplissez d'énergie. À l'expiration, relâchez la fatigue et les tensions. Puis commencez par respirer normalement et répétez les mots *Je suis* plusieurs fois, faites une pause. À chaque fois que vous dites *Je suis*, observez ce qui se passe. Au début, vous ressentez peut-être des sensations physiques. Puis peut-être des émotions. Ensuite des pensées. Chaque fois que vous dites *Je suis*, c'est comme si vous ajustiez la lentille d'un microscope et que vous étiez sous celui-ci. À un certain moment, vous voyez que toutes ces pensées, ces émotions et ces sensations apparaissent et disparaissent sur une sorte d'écran. C'est comme des images sur un écran de télévision. Vous remarquez que l'écran est constitué de particules. Plus vous entrez profondément en vous-même en disant *Je suis* plus vous voyez ces particules bouger. Les particules de lumière sont partout, en vous, autour de vous, elles circulent à travers vous. À ce niveau, il est difficile de distinguer où vous finissez et où les autres choses commencent. Il existe un grand espace entre les particules.

Maintenant, si je vous demande : « *Qui êtes-vous* ? » Que répondrez-vous ? Ce n'est plus approprié de répondre en faisant référence à votre nom ou une mémoire ou encore une sensation. Maintenant, comme les mystiques, vous pouvez dire *Je suis Cela*, cet être infini de qui tout vient et vers qui tout retourne. Comme les nombreuses vagues qui apparaissent à la surface d'un océan immense. Jusqu'à présent, vous n'avez vécu qu'à la surface de votre être. Votre conscience était concentrée sur les vagues, les pensées, les sentiments et les émotions individuels. Maintenant, votre conscience s'est élargie et vous avez conscience de cet être océanique qui vous dépasse, qui est infini et éternel. « Je suis Cela », dit le mystique. Je ne suis jamais né. Ce que je suis véritablement a toujours existé. Je suis Cela, dit le mystique. Tout est en moi. Je suis en tout. Tout arrive et tout s'en va, les pensées, les sensations, les émotions vont et viennent, mais je reste.

Comment conserver cette façon de voir les choses ? Votre respiration est un pense-bête naturel. Durant l'inspiration, le son « *ham* » se produit, qui en sanskrit signifie « Je suis ». Lors de l'expiration, c'est le son « sa », qui veut dire

« Cela » en sanskrit. Lorsque vous sentez l'inspiration, dites mentalement « ham » et pensez « Je suis ». À l'expiration, dites mentalement « sa » et pensez « Cela ». Ne vous efforcez pas de contrôler la respiration, suivez son rythme tout simplement. Si d'autres pensées arrivent, n'essayez pas de les chasser. Revenez simplement à « ham'sa ». Peu à peu, votre rythme respiratoire se ralentira et les pensées s'apaiseront. Cela met subtilement l'accent sur le côté subjectif de la réalité absolue. Je suis. En l'inversant, l'accent est mis sur le côté objectif de la réalité : Cela, Je suis. Les deux faces d'une même pièce. Je suis cela je suis. Alors, pendant les dix prochaines minutes soyez très calme, concentrez-vous sur la respiration et répétez « ham'sa » à l'inspiration et à l'expiration. Et souvenez-vous de vous concentrer sur ce que « Je suis Cela » indique.

Après au moins dix minutes, lorsque vous êtes prêt à sortir de la méditation, conservez cette perspective du témoin aussi longtemps que possible. En réalité, vous pouvez accéder à cette perspective 24 heures sur 24, 7 jours sur 7, et si vous parvenez à la conserver à travers les hauts et les bas de la vie, quel que soit ce que vous apporte votre karma, vous serez réalisé. La lumière est la métaphore de la conscience. Tout comme une source de lumière est différente de ce qu'elle permet de voir, vous êtes aussi *Être, Conscience et Félicité pure et absolue*, différent de tout et de toute expérience. Les sages réalisés nous disent tous « vous êtes déjà réalisé ». Mais paradoxalement, vous l'oubliez constamment en perdant la perspective du témoin, de l'âme, votre vrai Soi. La réalisation du Soi et l'illumination, c'est de rester dans cette perspective.

Les essais qui suivent vous guideront afin de développer votre capacité à réaliser le Soi et atteindre l'illumination. Ils vous aideront également à reconnaître les obstacles dans le processus de réalisation, comment les éviter, et à comprendre pourquoi si peu réussissent. Même si votre objectif est de simplement éviter la souffrance humaine, ces essais vous aideront à développer la sagesse afin d'y parvenir. La sagesse des maîtres réalisés est un grand héritage, et elle est à votre portée, elle est facile à comprendre si tant est que vous l'utilisiez de façon sincère.

ॐ Chapitre 1 ॐ

L'illumination : ce n'est pas ce que vous pensez

Que veut dire le terme illumination ? Les définitions de l'illumination spirituelle varient selon les traditions religieuses et spirituelles, qu'elles se retrouvent dans la littérature bouddhiste, hindouiste, le yoga, le christianisme ou le mysticisme occidental. Les témoignages des mystiques de ces traditions racontent ce qu'ils ont expérimenté dans ce monde, soit l'état ultime de béatitude, libre de souffrance. Ceci les différencie de la littérature religieuse révélatoire, qui parle d'un au-delà céleste, balisé par le langage des dimensions terrestres.

Les premières étapes de l'illumination dans la tradition du yoga classique de Patanjali et du vedanta de l'Inde font partie de l'expérience du samadhi. Il y a un dicton qui dit : « Ceux qui connaissent le samadhi n'en parlent pas et ceux qui en parlent ne le connaissent pas. » C'est parce que le samadhi n'est pas ce que vous pensez ! C'est exactement le contraire de ce que vous imaginez qu'il est : c'est l'espace entre vos pensées. C'est le silence mental. C'est demeurer conscient de ce qui est conscient. Plutôt que de parler du samadhi, commençons par des paroles de Maîtres ayant réalisé le Soi à propos du samadhi. Les mots ne peuvent créer l'expérience du samadhi, mais ce qui suit vous guidera dans la bonne direction, tout comme les panneaux de circulation sur l'autoroute vous conduisent vers des villes éloignées.

La sagesse de sages réalisés :

Sois calme et sache que je suis Dieu.

— Psaume 46 de David

Summa (***sois calme*** en tamoul)

— Paambatti Siddha

Je suis ce que je suis

— Exodus 3:14

Jéhovah, parlant du buisson ardent à Moïse au mont Sinaï.

La caractéristique principale de l'état de Samadhi est la présence de l'unique sensation Je suis, rien de plus, sans pensées ou autres activités extérieures de la conscience.

— Ramana Maharshi

En samadhi, il n'y a que la sensation de « Je–Je » sans les pensées.

— Ramana Maharshi

Je–Je est la façon dont Ramana Maharshi désignait ***Cela***, ce dont vous prenez conscience derrière la pensée ou le mot ***Je.***

Réalisez que Vous êtes Ce Brahman … qui seul brille, qui est au-delà des Logos, omniprésent, uniforme, vérité, conscience, béatitude, infini, indestructible.

— Adi Shankaracharya (***Crest Jewel of Wisdom***, verset 264)

Lorsque le mental, développé par une discipline continuelle de ce type (souvenir du Soi), fusionne en Brahman, alors le samadhi, dépourvu de toutes formes, devient en lui-même le producteur de la réalisation d'une béatitude non dualiste.

— Adi Shankaracharya (***Crest Jewel of Wisdom***, verset 363)

> Cette conscience spirituelle non manifestée commence à se manifester telle l'aube dans un cœur pur, brillant comme un soleil de midi dans la « grotte de la sagesse », illuminant l'univers entier.
>
> — Adi Shankaracharya (***Crest Jewel of Wisdom***, verset 134)

> Comme l'espace, Je vais plus loin que la pensée (je suis omniprésent) ;
>
> Comme le soleil, Je suis différent de ce qu'il rend visible ;
>
> Comme une montagne, Je suis éternellement immuable ;
>
> Comme l'océan, Je suis sans limites.
>
> — Adi Shankaracharya (***Crest Jewel of Wisdom***, verset 500)

> Le samadhi est l'état sans souffle de communion avec Dieu ou la Vérité.
>
> — Yogi S.A.A. Ramaiah

> Je suis Existence, Connaissance et Félicité Absolue… La mort est une blague pour moi, car je suis la mort de la mort.
>
> — Kriya Babaji Nagaraj (***La voix de Babaji : Une trilogie sur le Kriya Yoga***, 3e partie)

> Maintenant, plus rien ne peut me déranger.
>
> — Ramana Maharshi

C'est ma description préférée du samadhi, car elle est si terre-à-terre et nous instruit sur ce que chacun de nous doit faire face aux défis de la vie, calmement actif et activement calme.

> J'ai perdu l'habitude de penser.
>
> — Sri Aurobindo

Il a dit cela après avoir achevé ses trois plus grands chefs-d'œuvre littéraires. Cela indique qu'ils ne furent pas le résultat de sa pensée, mais de *prajnata*, l'intuition, issue du samadhi et du silence mental.

Dans cette série d'essais, le terme illumination veut dire illumination spirituelle. Il ne faut pas le confondre avec le mouvement philosophique des Lumières ou Le Siècle de la raison, qui dominait le monde des idées en Europe au 18e siècle. Les principaux objectifs de ces penseurs étaient la liberté, le progrès, la raison, la tolérance, la fraternité et la cessation des abus de l'Église par la séparation de l'église et de l'état. Ce mouvement a provoqué les révolutions française et américaine et la montée de démocraties libérales modernes.

La spiritualité par rapport à la religion

Un sondage effectué en 2015 par Pew Research Center[1] sur l'affiliation religieuse en Amérique démontre que lorsqu'on demande de nommer leur affiliation religieuse, plus du tiers des personnes interrogées affirme n'avoir aucune identité religieuse. Parmi elles, un nombre croissant de gens se qualifie comme « spirituel, mais pas religieux ».

Que veut dire être spirituel, mais non religieux ? Est-ce plus qu'un refus d'adhérence à une religion organisée ? Si oui, quels sont les objectifs de ceux qui se disent spirituels ? Quelles croyances sont partagées par ceux qui se disent spirituels, mais qui parlent différentes langues ou qui proviennent de différentes communautés culturelles ? Quelles sont les différences qui les séparent ? Est-ce que la religion soutient ceux qui se disent spirituels, si oui, comment ? Est-ce qu'être spirituel soutient l'affirmation de la foi et des croyances religieuses, si oui, comment ? La science peut-elle confirmer l'existence d'états de conscience supérieurs associés à l'illumination spirituelle ? Voici quelques-unes des questions auxquelles vous trouverez réponse dans ce chapitre.

Les religions accordent de l'importance à ce qui a une forme : incluant les écritures, les personnalités, les symboles, les croyances, le credo, l'architecture, les cérémonies, les vêtements et l'apparence physique, la prière, les activités, la hiérarchie de l'autorité et l'histoire. Les religions se distinguent par leurs formes. Elles entreront même en guerre à cause de ces différences. Lorsque vous vous identifiez comme adhérent à une religion en particulier, vous créez immédiatement un barrage entre vous et les autres, qui ne partagent pas cette identification. Au travers de l'histoire de l'humanité, la religion est l'une des plus grandes sources de division sociale et politique à ce jour.

1 http://www.pewforum.org/2015/05/12/americas-changing-religious-landscape/

L'esprit n'a pas de forme et les traditions spirituelles apprécient le sans forme. Pour eux, la spiritualité fait référence à ce qui est au-delà de toutes formes. Pour aller au-delà de toutes formes, les traditions spirituelles dans le monde entier ont découvert que cultiver le silence et la méditation est une pratique essentielle. Dans le silence, les formes verbales et mentales disparaissent. La Vérité, l'Amour, la Beauté, la Sagesse se révèlent dans le silence. Les chercheurs de ces absolus devraient donc cultiver le silence.

La méditation vous permet de transcender les états physique et mental de la conscience et d'entrer dans la dimension spirituelle de la vie. Les autres pratiques pour y parvenir sont les techniques de respiration, la répétition de mantras et les asanas de yoga ou postures, si on les pratique dans la pleine conscience méditative. Collectivement, toutes ces pratiques constituent le yoga et celui-ci peut donc être décrit comme « le côté pratique de toutes les religions ».

La religion est ce que vous croyez. Le yoga est la pratique régulière d'une discipline de soi. Une croyance existe intellectuellement seulement, mais l'intellect construit des catégories et soulève des distinctions entre ceci ou cela. Ces distinctions existent seulement sur le plan intellectuel et peuvent procurer la justification pour tout ce qui caractérise la religion. Le yoga et sa pratique d'une discipline spirituelle vous permettent de faire l'expérience de la dimension spirituelle de l'existence, où toutes les différences intellectuelles, mentales et même physiques se fondent dans l'Unité : la source, le champ quantique, l'énergie consciente.

Ceux qui se disent spirituels cherchent à être présents ici dans ce monde dans un état durable de conscience supérieur, contrairement à l'adepte d'une religion, qui cherche le salut dans l'au-delà, soit dans un paradis ou comme une libération de l'obligation de se réincarner dans ce monde de souffrance. Les chercheurs spirituels aspirent à être dans le Présent Éternel ; ils mettent l'accent sur le pouvoir d'être présent en ce moment. Ce n'est pas uniquement une expérience spirituelle passagère qu'ils recherchent. Ils recherchent un état durable de conscience supérieur, appelé illumination, aussi connu comme l'éveil, satori, samadhi ou *réalisation du Soi*. Bien que tous ces termes descriptifs varient d'une tradition spirituelle et culturelle à l'autre, ils font référence à la réalisation permanente d'un état de conscience supérieur dans lequel on réalise l'Unité avec chacun.

La libération de la souffrance va de pair avec l'illumination. Il y a une relation inverse entre les deux, ainsi, l'ordonnance pour une vie spirituelle commence par le diagnostic de la cause de la souffrance humaine : l'attachement et son partenaire, l'aversion, tous les deux nés de l'ignorance et de l'égoïsme. Si le but de l'éducation est de soulager la souffrance humaine, cette connaissance qui l'élimine complètement est la plus haute connaissance. Cette connaissance est appelée sagesse et elle sera explorée au travers de ce livre.

Le bouddhisme

Le mot français illumination, que l'on retrouve très souvent dans la littérature bouddhiste, fait référence au concept de bodhi, prajna, kensho et satori, de même que l'état de Bouddha ou la nature de Bouddha et prajna.

Bodhi est un terme provenant du bouddhisme theravada qui veut dire éveil et compréhension. Lors de l'éveil, on acquiert la vision du fonctionnement du mental, qui est emprisonné par le désir, la souffrance et le cycle de renaissance. On est fixé sur la voie du *nirvana*, soit la libération de l'emprisonnement.

Prajna est un terme provenant du bouddhisme mahayana, qui fait référence à la vision de notre vraie nature, qui est vide d'essence personnelle dans le flot d'expériences. Cela fait aussi référence au Tathāgata-garbha ou la nature de Bouddha, soit la conscience essentielle au-delà du flot d'expériences.

Dans le bouddhisme zen ou japonais, kensho et satori veulent dire voir en sa propre nature.

L'hindouisme

Dans l'hindouisme, *moksha* est généralement utilisé pour décrire l'illumination. Cela fait référence à la libération d'un concept du soi terrestre et de la souffrance due au karma et au désir. Tant que le désir et le karma ne sont pas terminés, on est soumis au cycle continuel de la mort et de la renaissance, appelé réincarnation. Depuis la fin du 19e siècle, lorsque Swami Vivekananda visita l'Amérique et durant les années 1920, lorsque Paramahansa Yogananda établit sa mission en Californie, le terme « Self-realization » (réalisation du Soi) fut couramment utilisé par les chercheurs spirituels anglophones et les adeptes du yoga pour qualifier l'état d'illumination.

L'advaita vedanta

Par un long cheminement de discipline de soi, de purification, d'étude des textes sacrés et de renonciation aux activités mondaines sous la guidance d'un guru, les adeptes de l'advaita vedanta cherchent la libération en reconnaissant leur identité avec le Soi – que l'on nomme *Atman* – et la Réalité Absolue – que l'on nomme *Brahman*. L'advaita vedanta est largement considérée comme la sous-école dominante et la plus influente du vedanta, l'une des six écoles de la philosophie indienne.

Les adeptes pratiquent la quête du Soi et deviennent conscients de ce qui est conscient lorsque l'on demande « qui suis-je ? » ou « qui est-ce qui ressent ou pense ceci ? » Ils cherchent à transcender la perspective de l'ego. Ils examinent les textes sacrés, incluant les *Upanishads*, les textes du vedanta, comme un miroir du Soi supérieur et comme un autre moyen de transcender le plan intellectuel. Ils méditent sur de grands proverbes appelés maha vakyas, qui englobent les enseignements du vedanta, comme « Vous êtes Cela (tat tvam asi) » et « Je suis Brahman (aham Brahman) ».

Le néo-advaita

Au cours des trente dernières années, quelques enseignants spirituels en Occident ont fait la promotion d'une nouvelle version du traditionnel advaita vedanta, qui contourne l'étude des textes traditionnels, les méthodes de contemplation et les injonctions morales traditionnelles. Ils mettent l'accent sur l'expérience immédiate de l'état de conscience non dualiste et la possibilité d'en faire l'expérience en leur présence en tant que professeurs spirituellement éveillés. Ils disent souvent des choses comme « Vous n'avez pas besoin de faire du yoga ou de pratiquer une discipline spirituelle, car vous êtes déjà illuminés ! » La pratique de yoga ou d'autres disciplines pourrait détourner de la réalisation de l'état de conscience non dualiste.

Bien que, théoriquement, de telles pratiques peuvent ne pas être nécessaires pour quelques personnes hautement évoluées spirituellement, pratiquement toutes les autres sont si encombrées par des tendances et des habitudes négatives, manquant ainsi de concentration et d'autres qualités nécessaires, que maintenir un état de conscience transcendantal est quasiment impossible pour eux.

Les praticiens de cette école tracent leur origine auprès d'un enseignant indien appelé Papaji, un soi-disant disciple du sage réalisé Ramana Maharshi. Le mouvement a atteint son zénith avec la publication du magazine « What is Enlightenment », fondé par Andrew Cohen, le principal disciple de Papaji.

Le christianisme

Dans le christianisme, le mot illumination fait surtout référence au siècle des Lumières et de son influence. En gros, les termes équivalents dans le christianisme incluent illumination, kénose et métanoïa, que l'on trouve dans la littérature sur les traditions mystique, gnostique et contemplative. Ils font référence à la vision d'une grande lumière blanche (*illumination*), à une transformation du cœur (*métanoïa*), à faire le vide (*kénose*), à être plein de grâce divine, résultat de l'union avec Dieu, à transcender ou se détacher du monde et des passions, à communier avec le Saint-Esprit et la « lumière du Christ ». La gnose, connaître par la perception intuitive, et la révélation ont une signification similaire.

Dans le christianisme contemporain, certains chrétiens cherchent à développer leur spiritualité en participant à des retraites contemplatives, en pratiquant des méditations chrétiennes et en étudiant les écritures des mystiques chrétiens. Dans les services religieux, certains cherchent une expérience spirituelle, pas seulement intellectuelle ou émotionnelle. Dans les années 1920, après que la mission de Paramahansa Yogananda eut été établie en Californie, le terme « Christ Consciousness » (Conscience christique) fut largement utilisé parmi les chercheurs spirituels anglophones pour parler de l'état d'illumination. Ce terme synthétise les enseignements du yoga classique, du vedanta et de Jésus-Christ.

La relation de soutien mutuel entre la religion et la science spirituelle

Toutes les religions prescrivent des injonctions morales, qui servent à restreindre le comportement social de ses adhérents. Lorsque respectées dans la pratique, elles purifient les adeptes du désir, de la colère, de la fierté et d'autres manifestations de l'ego, et ainsi facilitent la discipline personnelle requise pour devenir véritablement spirituel. Plusieurs des essais qui suivent vont vous démontrer comment et pourquoi ceci est essentiel pour atteindre les objectifs d'une spiritualité authentique.

Réciproquement, la spiritualité encourage l'adhésion aux injonctions religieuses et éthiques. La pratique personnelle de disciplines spirituelles, comme la méditation, vous relie à une grande source intérieure de force, et vous développez l'aspiration pour surmonter les défauts et les imperfections dans votre nature humaine. La croyance ne repose plus sur la foi seulement, mais sur votre expérience personnelle.

Les techniques spirituelles peuvent être comparées à des hypothèses scientifiques. La pratique de techniques spirituelles se compare à tester des hypothèses en laboratoire. Reporter vos expériences dans un journal et échanger vos observations avec d'autres praticiens sont deux mesures additionnelles dans la méthode scientifique.

Lorsque vous abordez la spiritualité en tant que religion, vous cherchez l'unique système de croyances véritables ou une interprétation d'un texte sacré ou un credo à l'exclusion de tous les autres. Cela limite grandement votre expérience, encourage la peur de vous tromper, et vous rend vulnérable envers ceux qui peuvent utiliser la peur de la damnation ou du karma pour vous manipuler à adhérer à leur religion organisée, à leur interprétation d'un texte sacré ou à leur commandement. Lorsque la spiritualité est abordée comme une science, découvrir ce qui ne fonctionne pas est aussi efficace que de découvrir ce qui fonctionne… pour vous. Votre expérience devient votre autorité supérieure, et vous appréciez la vie comme un processus de découverte.

La recherche neurologique confirme que le samadhi est une réalité mesurable

Des études physiologiques, particulièrement celles qui mesurent le fonctionnement du cerveau à l'aide d'un électroencéphalogramme (EEG) et de la tomographie par émission de positrons (TEP), soutiennent l'affirmation de Swami Rama : « Tout le corps est dans le mental, mais tout le mental n'est pas dans le corps.[2] » Elles démontrent aussi que différents niveaux d'activités neurologiques sont en corrélation avec différents niveaux de conscience, incluant celles associées au samadhi et à l'illumination.

Les ondes delta avec une fréquence de moins de 4 hertz sont conformes au sommeil profond avec mouvements oculaires non rapides (REM). (Le hertz est une unité utilisée pour mesurer la fréquence des ondes électromagnétiques.) Les ondes thêta entre 4 et 8 hertz sont associées à la concentration, à la méditation, aux rêves, à l'hypnose et à l'imagerie hypnagogique. Les ondes alpha avec une fréquence entre 8 et 13 hertz indiquent une relaxation physique profonde et les ondes bêta entre 13 et 30 hertz suggèrent le fonctionnement alerte de l'état de veille. Les ondes gamma entre 30 et 80 hertz indiquent le traitement de modalités multisensorielles et l'exécution de fonctions cognitives ou moteurs spécifiques. Pour plus d'information à propos des études sur la méditation qui utilisent le EEG, voir le compte-rendu par *Cahn and Polich.*[3]

Un état de conscience illustré par la créativité, l'invention, la prise de décision, la résolution de problèmes, l'écriture de conférences et de documents de recherche, de poésie, de plans d'action méticuleusement détaillés ou autres se distingue par des ondes thêta qui frôlent les ondes delta durant une pratique profonde. La première étape du samadhi se caractérise par les ondes thêta,

2 Rama, Swami. (2002). *Conscious living*. Dehradun, UK, India: Himalayan Institute Hospital Trust.
3 Cahn, B. R. & Polich, J. (2006). Meditation states and traits: EEG, ERP and neuroimaging studies. *Psycho logical Bulletin, 132(2)*, 180 – 211.

suivies des ondes delta. Pendant une observation EEG, des participants à une étude ont expérimenté un sommeil profond non-REM tout en étant conscients de leur entourage.

Lorsque le samadhi s'approfondit, on devient conscient de la kundalini, soit le pouvoir subtil de la conscience, ce qui conduit à une alternance entre les ondes thêta et delta. Lorsque cet état est maîtrisé et que l'on peut y entrer à volonté, on progresse vers turya, qui est le quatrième état de conscience que mentionne la littérature yogique, telle que le Tirumandiram. Quand un yogi maintient constamment l'état de conscience turya, cela s'appelle, en yoga, asamprajnata (absorption cognitive non distinguée) ou, dans le vedanta, nirvikalpa (sans pensée). On le reconnaîtrait par l'absence d'activité électrique observable, même si cela n'a pas encore été démontré sous des conditions contrôlées.

Le samadhi ou la réalisation du Soi dans le yoga classique des Sûtras du Yoga de Patanjali

Les Sûtras du Yoga, écrit par le siddha Patanjali, qui a probablement vécu entre 200 av. J.-C. et 200 après sa mort, est un manuel de pratique qui guide méthodiquement les étudiants avancés de yoga à développer l'illumination, qu'il nomme asamprajnata samadhi. Il se fonde sur la plus ancienne philosophie indienne, le Samkhya, qui suggère deux pôles de réalité : le sujet et l'objet. Il est dit que la souffrance humaine est le résultat d'une confusion entre le sujet et l'objet, celui qui voit (purusha), conscience pure, et ce qui est vu (prakriti). Il analyse cinq sources de souffrances, appelées kleshas : l'ignorance de notre vraie identité (*Conscience*), l'égoïsme, l'attachement, l'aversion et la peur de la mort.

L'égoïsme est l'habitude de s'identifier avec les fluctuations (vrittis) qui font surface dans la conscience. En d'autres mots, nous nous identifions avec nos réactions face aux mouvements du mental, des émotions et des perceptions par les sens, c'est-à-dire avec des expériences objectives, le Vu. La cognition, c'est connaître, de l'intérieur en particulier. Dans l'absorption, l'objet et le sujet s'identifient l'un à l'autre ; ils fusionnent.

En samadhi – absorption cognitive, aussi connue comme la réalisation du Soi – le yogi s'identifie avec la Conscience, le *Je*, le sujet, celui qui voit, en premier lieu comme une expérience, samprajnata samadhi, et ultimement comme un état stable et durable de conscience, asamprajnata samadhi.

L'état ultime, asamprajnata samadhi n'utilise aucune forme matérielle ni conceptuelle comme point de départ. Toutes formes se retirent en arrière-plan. Votre identité transcende tout. C'est le résultat d'un détachement et d'une conscience du Soi, de chaque instant, cultivés au fil des ans. C'est la même chose que le nirvikalpa (sans forme) samadhi dans les Upanishads. Il n'y a pas de formes ni de mouvements dans le mental.

Patanjali décrit asamprajnata samadhi ainsi :

> Précédé par la pratique constante et par la contemplation du détachement, il y a l'autre état non-distingué d'absorption cognitive, ***asamprajnata samadhi*** qui possède des impressions résiduelles subconscientes.
>
> — Patanjali (***Les Sûtras du Yoga***, I.18)

La première étape de samadhi est appelée samadhi distingué ou samadhi *orienté vers l'objet* parce qu'il a un matériau distinct ou un objet conceptuel comme point de départ. L'absorption cognitive est atteinte avec un objet de méditation comme une abstraction conceptuelle – par exemple, l'unité, la vérité, l'amour ou l'abandon – ou une chose, comme la respiration, une image de votre *istadevata* (votre image préférée de Dieu), un chakra (le *sahasrara*, en particulier), ou un mantra.

La première mention du samadhi dans *Les Sûtras du Yoga* est dans le chapitre I, verset 17 :

> L'absorption cognitive distinguée (samprajnata) est accompagnée par l'observation, la réflexion, la réjouissance et la prise de conscience du Soi.

Sam veut dire avec, et prajna veut dire inspirations ou intuitions. Les accompagnements du premier niveau du samadhi – observation, réflexion, réjouissance et expérience de *Je Suis* – ne sont pas que de simples fluctuations de la conscience, mais les produits inspirés de la fusion entre le sujet et l'objet. *Observation* fait référence à des visions. *Réflexion* exprime une profonde compréhension d'une vérité sage qui, jusqu'à maintenant, n'a été comprise qu'intellectuellement. *Réjouissance* parle de joie inconditionnelle, de félicité, de béatitude qui surviennent spontanément. *Conscience du Soi* fait référence à la réalisation de notre identification avec la réalité Unique, transcendantale et absolue : conscience pure.

Les accompagnements de la première étape du samadhi démontrent la tentative du mental à participer dans l'expérience, mais, momentanément du moins, ils interrompent la transcendance ou la fusion avec l'Unité.

Dans le chapitre I, versets 41 à 50, Patanjali va plus loin dans sa description du samadhi :

> On appelle savitarka samadhi, (ou samadhi avec réflexion), l'absorption cognitive où l'identification sujet/objet se mélange avec des mots spontanés, des objets et de la connaissance sur des objets matériels.
>
> — Patanjali (***Les Sûtras du Yoga***, I.42)

Dans celui-ci et les deux sûtras suivants, Patanjali analyse samprajnata samadhi, c'est-à-dire, le samadhi distingué ou orienté vers un objet. Il distingue quatre étapes :

- Savitarka : partant d'un objet matériel avec la réflexion
- Nirvitarka : partant d'un objet matériel sans la réflexion
- Savicara : partant d'un objet subtil ou abstrait avec la réflexion
- Nirvicara : partant d'un objet subtil ou abstrait sans la réflexion

Durant le premier niveau du samadhi, soit l'identification entre soi-même et le matériel, un objet visible peut être entrecoupé d'intuitions et de conceptualisations supra-cognitives à propos de l'objet matériel ou visible de la méditation. Elles surviennent spontanément. L'objet peut être un saint, un yantra ou n'importe quoi d'autre provenant de la nature. Celles-ci ne sont pas le résultat de pensées passagères ou d'idées vagues, comme dans la pensée ordinaire. Leur clarté et leur force sont uniques. Mais elles indiquent à quel point l'absorption du sujet-objet n'est pas atteinte. De plus, les mots, les objets et les intuitions peuvent survenir indépendamment l'un de l'autre, entre les périodes d'absorption.

> On appelle nirvitarka samadhi, l'absorption cognitive où l'identification sujet/objet est bien purifiée des impressions, et où, brillant sans réflexion, on est revenu, comme vide, à notre propre forme seulement.
>
> — Patanjali (***Les Sûtras du Yoga***, I.43)

Dans ce cas, les intuitions et les conceptualisations supra-cognitives à propos de l'objet matériel ou visible de la méditation cessent. L'absorption est complète. Celui qui connaît est connu.

> De telles absorptions cognitives possèdent des graines.
>
> — Patanjali (***Les Sûtras du Yoga***, I.46)

Le samadhi est un état dans lequel le mental devient surtout silencieux. Par contre, tous les samadhis mentionnés sont menacés par les afflictions subconscientes latentes. Il y a toujours un risque que la conscience du yogi s'identifie à nouveau avec les formes provenant du subconscient, et que la conscience du Soi soit remplacée par l'identification à l'ego. Le yogi peut se retrouver dans un ascenseur, montant vers le samadhi durant des périodes de pratique intense et descendant dans le camp de la distraction mentale et la névrose à d'autres moments.

> Dans l'état original du nirvicara samadhi (l'absorption sans mot ni réflexion) le Soi suprême brille dans un calme impassible.
>
> — Patanjali (***Les Sûtras du Yoga***, I.47)

Lorsque l'expérience du nirvicara samadhi s'approfondit et devient constante, le yogi demeure dans un état de conscience aiguë, non dérangé par le mouvement du mental, identifié au Soi suprême, pur, clair, brillant. Seule la sensation *Je suis* demeure. On va au-delà d'une expérience passagère à un état permanent et continuel de réalisation du Soi et d'illumination.

Il est significatif que Patanjali utilise le terme prasadha, ou calme non troublé, pour décrire cet état, dans lequel une myriade de manifestations de la nature ne dérange pas la réalisation fondamentale de *Je suis*. On demeure dans le monde, mais on n'y appartient pas. La quiétude est une étape au-delà du calme, dans laquelle il n'y a conscience de rien à part de l'être non différencié. Le calme n'est pas l'absence de pensées ou de perceptions ; c'est être présent avec eux. On est activement calme et calmement actif.

> Dans ce (nirvicara samadhi, état d'absorption sans mot ni réflexion) la conscience est porteuse de vérité.
>
> — Patanjali (***Les Sûtras du Yoga***, I.48)

Dans la conscience ordinaire, la connaissance (prajna) est acquise par les sens ou la raison. Mais en samadhi, cela arrive par la cognition directe ou l'intuition et *c'est porteur de vérité*, ce qui veut dire qu'il n'y a pas d'erreur. On développe une vision de discernement. Un sixième sens ou une connaissance psychique permet au yogi de percevoir intuitivement la vérité des choses directement, en ne faisant qu'un avec elles. En s'identifiant directement avec les manifestations de la nature, le yogi devient un sage et peut s'exprimer avec précision sur n'importe quel sujet, même s'il n'a pas été instruit sur ce dernier, par la pratique de ce que Patanjali appelle samyama ou communion, dans le chapitre 3, verset 4, fusionnant la concentration, la méditation et le samadhi sur l'objet.

> Les impressions subconscientes produites (par cette attention porteuse de vérité) empêcheront l'arrivée de toutes autres impressions subconscientes.
>
> — Patanjali (***Les Sûtras du Yoga***, I.50)

L'état pur et sans réflexion de l'intuition cognitive limite efficacement l'extériorisation de la conscience vers les anciennes formes, pensées ou habitudes. Le yogi est libéré de tous les attachements. En effet, l'arrière-scène devient l'avant-scène dans le champ de la conscience du yogi. La sensation *Je suis* règne. C'est par une conscience supérieure que tout cela s'accomplit. Comme l'a dit Sri Aurobindo : « J'ai perdu l'habitude de penser. » Ne prenant plus l'ascenseur, montant vers et descendant du samadhi, le yogi demeure en tout temps illuminé dans un état sans effort et continuel de réalisation du Soi ou de conscience resplendissante.

> Avec la cessation (de s'identifier avec) même cette dernière impression, (***Je suis***), toutes les (autres) ayant été maîtrisées, se produit le nirbija samadhi cognitif sans germe.
>
> — Patanjali (***Les Sûtras du Yoga***, I.51)

Tout comme le bâton proverbial que l'on utilise pour attiser le feu est à son tour jeté dans ce feu, la dernière impression *Je suis*, utilisée pour détacher le Soi de l'identification avec les objets de la conscience, est rejetée. Ce qui reste est la conscience du Soi resplendissante, indépendante de tout. Il n'y a plus de séparation entre celui qui connaît et le connu, pas même la pensée « j'ai réalisé Dieu ».

Le paradoxe de l'illumination et le piège de se sentir spécial

Dans notre culture moderne matérialiste où l'individualisme, la compétition, l'apparence et la cupidité sont importants, nous sommes encouragés à avoir de nouvelles expériences et à devenir quelqu'un de spécial. Mais, la pression à vouloir être parfait requiert que l'on se sente supérieur aux autres, et si nous échouons, son opposé – la sensation d'être sans valeur – cultive le ressentiment. Que ce soit le succès ou l'échec, l'ego devient plus fort ! Se sentir spécial nous éloigne de la réalisation d'Unité. Si vous aspirez à cette réalisation, vous ne vous y rendrez pas par l'ego, que vous deveniez riche, puissant et instruit.

Ce qui est nécessaire est un changement de perspective de celle de l'ego, qui s'identifie à votre corps et aux mouvements de votre mental et vos émotions, vers la perspective de votre âme, qui est le *Témoin*. Le Témoin ne fait rien. Rien ne lui appartient. Il observe. Il est la conscience pure. Prenez une grande respiration et retirez-vous des pensées, sentiments ou sensations que vous avez en ce moment. Soyez le témoin de ceux-ci. Appréciez cette nouvelle perspective maintenant. C'est la Conscience pure. Contrairement à tout le reste, on ne peut en faire l'expérience, parce que ce n'est pas un objet. C'est le sujet. Tout le reste est l'objet.

Réalisez « qui je suis » n'est pas d'avoir de nouvelles expériences. Il n'y a rien d'exceptionnel à avoir une expérience. Vous ne deviendrez pas spécial non plus. Être spécial laisse entendre être séparé de tout le reste. Vous êtes conscience pure, et cela est à la fois immanent dans tout et transcendant de tout, sans limites de temps et d'espace, et donc non séparé.

Le premier paradoxe ici est que de la perspective de l'âme, vous êtes déjà illuminé, mais vous l'oubliez continuellement. L'illumination veut dire demeurer continuellement conscient de et identifié à la Conscience elle-même. L'objectif de tous les enseignements et méthodes spirituels authentiques est la création des conditions dans lesquelles vous allez vous en souvenir.

Le deuxième paradoxe est que plus vous avancez sur la voie vers l'illumination, moins vous cherchez à devenir quelqu'un de spécial et à avoir des expériences particulières, ou moins vous êtes attiré par ceux dont la publicité laisse croire qu'ils sont exceptionnels. Un sentiment d'unité avec tout et une transcendance remplacent le besoin d'être spécial. Vous sentez que vous n'êtes rien d'exceptionnel. Être spécial vous distingue de l'Unité.

Vous avez peut-être commencé sur votre voie en cherchant de soi-disant expériences spirituelles, comme des visions, des rencontres psychiques et des voyages astraux. Ou vous cherchiez quelqu'un de spécial, ce que l'on appelle un maître spirituel, qui atténuerait vos souffrances. Ou vous vouliez devenir quelqu'un d'exceptionnel. Quelqu'un m'a dit en 1971, alors qu'il se préparait à partir en Inde pour la première fois, « je ne reviendrais pas en Amérique tant que je ne serai pas un maître spirituel ».

Trop souvent, les soi-disant maîtres spirituels ne sont que des maîtres du marketing et les livres spirituels créent des attentes irréalistes d'expériences exotiques ou miraculeuses.

Un vrai guru n'affirme jamais être un guru et ne revendique jamais un statut spécial. Un vrai maître spirituel a maîtrisé l'ego et n'encourage aucune projection de statut particulier de la part de ceux qui cherchent sa guidance. Lorsque des disciples lui demandaient s'il était un guru, Ramana Maharshi le niait toujours et répondait : « Trouvez qui pose la question et vous trouverez la réponse. »

Les vrais maîtres spirituels ne prétendent pas être autre chose que des facteurs délivrant les enseignements. Ils ne peuvent vous donner l'illumination ; ils ne peuvent rien faire pour vous. Ils peuvent vous donner les enseignements et les méthodes et vous encourager à les appliquer. En fin de compte, ils vous aident à grandir en sagesse. La sagesse est la capacité à distinguer ce qui est permanent de ce qui est impermanent, votre vrai Soi de votre corps-mental-personnalité, la source de joie de la source de souffrance.

Malheureusement, plusieurs soi-disant maîtres spirituels et gurus se laissent mettre sur un piédestal ou sur un trône, par les disciples qui se sont entichés d'eux et projettent sur eux ce qu'ils veulent voir ou espèrent recevoir. Après avoir lu des histoires d'aventures spirituelles, où les miracles et les histoires abondent, les disciples entretiennent trop souvent la notion romantique qu'ils n'ont qu'à trouver un guru illuminé qui va d'une manière ou d'une autre leur accorder l'illumination ou du moins des expériences spirituelles. De tels disciples sont plus intéressés par la personnalité du maître spirituel que de s'appliquer à la discipline qui leur a été prescrite ou aux enseignements. Ceci est surtout vrai pour ceux qui s'annoncent comme des Satgurus en prétendant offrir un raccourci vers l'illumination par le *shaktipat*, conférant aux disciples énergie spirituelle ou pouvoir. Dans le marché de la spiritualité, la loi de l'offre et la demande s'applique aussi !

De tels gurus peuvent s'égarer et commencer à croire qu'ils sont exceptionnels, quelque chose de plus grand qu'ils ne sont en réalité. Ils jouent le rôle de maître spirituel, essayant d'impressionner les disciples par leur comportement, leurs habits et leurs titres. Pire, ils ignorent ou cachent leurs propres limitations liées à l'ego. Cela perdure jusqu'à ce que les défauts du guru deviennent trop évidents pour les ignorer, souvent le résultat d'un scandale sexuel ou financier. Même s'il est possible d'apprendre d'enseignants spirituels imparfaits, il est préférable de ne jamais abandonner son pouvoir à quiconque.

Il n'est pas nécessaire de juger ces enseignants. Partez tout simplement, soyez reconnaissant pour le trésor de sagesse que vous avez peut-être reçu. Il y a quelques signes pour vous aider à les reconnaître : un manque de maîtrise des émotions, des désirs et d'autres manifestations de l'ego, incluant la fierté, la colère, la convoitise et les aversions de toutes sortes. Essayez de trouver de la valeur dans les enseignements qu'ils peuvent partager. Les enseignements sont le vrai guru.

Encouragez les vrais maîtres spirituels à s'occuper de leurs propres manquements en ne les mettant pas sur un piédestal et en appliquant les enseignements que vous avez reçus d'eux. C'est le plus grand hommage ou service que vous pouvez leur rendre. Vous pouvez apprendre beaucoup plus d'un professeur moins expérimenté, moins informé, si vous êtes réceptif et sincère. La sincérité est la seule monnaie d'échange qui a une valeur dans ce domaine. La sincérité est de faire ce que vous avez l'intention de faire.

La relation inverse entre l'état d'illumination de la conscience et la manifestation de l'ego

Êtes-vous prêt à n'être rien de spécial ? Êtes-vous prêt à ne rien expérimenter de particulier ? Êtes-vous prêt à vous rappeler qui vous êtes vraiment ? Seulement à ce moment-là vous saurez que vous êtes sur la voie vers l'illumination. Dans ce livre, vous apprendrez à élever votre conscience hors de la souffrance vers un état d'illumination.

Ces essais ont été écrits entre 2008 et 2015 et publiés dans le journal du Kriya Yoga. Vous trouverez peut-être qu'il est utile de lire la collection antérieure d'essais, « Kriya Yoga : Réflexions sur le chemin spirituel », pour plus de renseignements de base sur plusieurs des sujets abordés dans ce livre. Les sujets dans le livre précédent sont regroupés en trois thèmes généraux : (1) le dilemme de l'existence humaine : trouver le bonheur durable dans des choses qui ne durent pas ; (2) trouver la voie spirituelle ; et (3) faire de votre vie votre yoga.

Devenir illuminé dépend de votre capacité à vous purifier de l'identification aux attachements et aux aversions, de même que toutes autres manifestations de l'ego. L'ego n'est pas mauvais. C'est seulement l'habitude de s'identifier avec le corps, les émotions et les mouvements du mental. Il vous permet de maintenir une conscience individuelle et facilite la survie dans ce monde.

Vous n'êtes pas vos émotions. Vous n'êtes pas vos pensées. Vous n'êtes pas votre corps physique. Ce ne sont que des véhicules pour votre conscience. Vous êtes un être spirituel habitant temporairement ces corps physique, vital et mental. Vous êtes l'Éternel Témoin. Tout au long de cette démarche vers l'illumination, vous vous libèrerez des causes de la souffrance. Vous découvrirez que vous participez individuellement et collectivement dans un processus de transformation de la nature humaine, retirant graduellement les imperfections, soutenu et guidé, intimement et avec amour, par un Être Suprême.

ॐ CHAPITRE 2 ॐ

La voie de l'immortalité selon les Siddhas du Yoga

D'après une étude récente menée par le *Yoga Journal*, la moitié des nouveaux adeptes commencent à pratiquer le yoga sur recommandation de leur médecin. De plus en plus d'articles au sujet des nombreux effets bénéfiques de la pratique régulière du yoga sur la santé sont publiés par le corps médical. Si un peu de pratique a tant d'effets positifs, imaginons quels pourraient être les effets sur une personne qui se consacrerait totalement au yoga.

Il y a plusieurs années, j'ai demandé à un groupe de scientifiques, qui intervenaient lors d'une conférence sur la gérontologie à l'Institut National de la Santé (National Institute of Health), à Bethesda dans le Maryland, de définir quelle est la longévité maximum de l'être humain. Ils ont répondu qu'il n'y en a pas et ils ont ajouté que les humains vieillissent et meurent à cause de leur mauvaise hygiène de vie.

En Inde, une réponse plus avertie à cette question a été donnée à la fois par les exemples vivants de grands yogis, connus sous le nom de *Siddhas* (êtres parfaits) et par la nombreuse documentation qu'ils ont laissée, qui a récemment été traduite en anglais et étudiée par des spécialistes et des chercheurs en médecine.

Qui sont les Siddhas du Yoga ?

Le terme Siddha a plusieurs significations. La plus commune étant le terme qui le décrit comme un être parfait, « celui qui est devenu un avec Dieu », « celui qui a réalisé la non-dualité de sa psyché ou de la conscience de l'âme individuelle et de la conscience de Dieu » ou « un adepte du yoga, qui possède des pouvoirs psychiques ou surnaturels particuliers, connus sous le nom de *siddhis* ».

Les Siddhas nous ont appris que le corps humain est le temple de Dieu. L'homme est une représentation miniature de l'Intelligence Suprême, la Source de tout. Le but de la vie est de réaliser Dieu et de manifester cette réalisation dans tous les domaines de l'existence. L'illumination dans un corps malade n'est pas le but final, ni même la perfection selon les Siddhas. Il est possible à l'homme de surmonter les cinq barrières que sont les cheveux gris, la diminution de la vue, la vieillesse, la maladie et la mort. Le corps humain est capable de conserver sa jeunesse.

Lorsqu'ils sont stimulés par des pratiques intenses de yoga, certains siddhis (pouvoirs divins) se manifestent. Les chakras (centres psychoénergétiques intérieurs) réveillent des pouvoirs supérieurs et permettent à l'individu d'éveiller la kundalini (pouvoir potentiel et état de conscience). Ainsi, il est possible d'atteindre la perfection du corps et de l'esprit. Les huit siddhis sont :

1. la faculté de fusionner et de connaître quelque chose d'aussi minuscule qu'un atome ;
2. la faculté de fusionner et de s'étendre de façon indéfinie ;
3. la lévitation ou la faculté de flotter dans l'air ;
4. la faculté d'aller n'importe où à volonté et instantanément ;
5. la faculté de vaincre le processus naturel du vieillissement ;

6. la faculté de contrôler la météo ;
7. la faculté de résurrection ;
8. la faculté d'obtenir toute chose désirée.

En utilisant les remarquables pouvoirs mentionnés ci-dessus, les Siddhas ont entrepris une étude systématique de la nature et de ses éléments. Selon leurs observations, ils ont développé une médecine performante connue sous le nom de *Siddha Vaidya*. Ils ont écrit de nombreux traités médicaux sur la longévité, qui forment aujourd'hui la base de l'un des quatre systèmes de médecine reconnus par le gouvernement indien.

Dans sa définition de la médecine, le Siddha Tirumular donne une idée de la longévité :

> La médecine traite les maladies du corps physique.
> La médecine traite les troubles psychiques.
> La médecine prévient la maladie.
> La médecine permet l'immortalité.

Les Siddhas ont découvert pourquoi le corps vieillit et ont élaboré des méthodes pour prévenir le vieillissement. Par exemple, ils ont observé que la durée de vie d'un animal est inversement proportionnelle au rythme de la respiration. C'est-à-dire que plus le rythme respiratoire est lent, plus la durée de vie est longue ; et inversement, plus le rythme est rapide, plus la durée de vie est courte. Les animaux, comme les tortues de mer, les baleines, les dauphins et les perroquets, qui ont le plus petit nombre de respirations par minute, vivent beaucoup plus longtemps que les humains, alors que les chiens et les souris, qui respirent cinq fois plus vite que les humains en moyenne, ont une durée de vie cinq fois plus courte. Les Siddhas proposent que si nous respirons quinze fois par minute ou moins, nous devrions vivre une centaine d'années. C'est lorsque la respiration devient plus difficile ou demeure habituellement plus rapide, que la durée de vie est réduite.

Initiation à la respiration kundalini

Les Siddhas ont développé des pratiques centrées sur la respiration, qui incluent la pratique de la visualisation d'une lumière qui monte et descend le long de canaux d'énergie et qui va de la région génitale jusqu'au sommet de la tête en passant par la colonne vertébrale. En raison de leur grande puissance, ces techniques sont restées secrètes et ont été partagées uniquement avec des personnes expérimentées qui étaient prêtes à les pratiquer selon des indications permettant d'atteindre les effets recherchés. Étant donné que la nature humaine est généralement encline à de nombreuses habitudes négatives et est réfractaire au changement, de telles pratiques devaient être gérées dans le contexte d'un processus complet d'autopurification, en faisant attention à l'alimentation, à la propreté, aux injonctions morales, à garder un esprit sain, à pratiquer la méditation et les disciplines spirituelles. Au cours de séances de formation spéciale ou initiations, ces techniques ésotériques étaient – et le sont toujours – enseignées par des adeptes du yoga à ceux qui veulent s'engager dans leur pratique.

Utilisant ces techniques de respiration, les Siddhas ont appris à ralentir leur respiration jusqu'à l'arrêter complètement afin d'entrer en état de suspension du souffle en communion avec Dieu, ou *samadhi*. Cela a entraîné l'influence d'états supérieurs de conscience à se déposer sur leur corps physique, les transformant graduellement en un corps divin ou un *corps doré*. Une lueur dorée émane du corps d'un Siddha, qui résulte d'un long processus de transformation. L'évolution du corps physique nécessite de s'engager totalement à lutter contre l'un de nos plus grands ennemis : nous-mêmes. Lorsque Sri Aurobindo a été poussé par ses compagnons à reprendre sa lutte politique pour l'indépendance de l'Inde contre l'Empire britannique, avec humour, il a sans hésitation répondu que ce qui est nécessaire « n'est pas une révolte contre le gouvernement britannique, ce que tout le monde pourrait facilement réussir à faire… [mais] une révolte contre la Nature universelle tout entière ».

La médecine des Siddhas : kaya kalpa

Bien que les techniques de respiration et d'autres pratiques similaires pour éveiller en nous l'énergie de la kundalini fassent partie des outils les plus puissants des Siddhas pour maîtriser l'ego, ils ont également développé des formules alchimiques, qui constituent leur méthode de médecine, *kaya kalpa*. Les Siddhas savaient qu'ils s'étaient engagés dans une course contre le temps. Ils ne disposaient que de quelques dizaines d'années pour vaincre la dégénérescence du corps humain par le processus de catabolisme des cellules. Grâce à leur connaissance des herbes médicinales et des minéraux, ils ont gagné du temps afin que la force de la kundalini soit pleinement effective.

Ils ont créé des préparations à base d'herbes et de minéraux qui avaient des propriétés rajeunissantes remarquables et qui n'ont été partagées qu'avec les disciples et adeptes les plus qualifiés, car leur utilisation nécessitait la plus grande expertise et un engagement total et complet dans les sacrifices exigés. Ces derniers devaient s'isoler pendant un an ou plus, ne pas avoir d'activité, suivre un régime alimentaire particulier très strict et observer un repos complet.

Le mercure, qui est normalement un poison, était présent dans de nombreuses formules alchimiques. De ce fait, les expériences qui ont été réalisées pour élaborer ces formules ont souvent conduit à la mort.

Les écritures du Siddha Boganathar relatent avec humour ce genre d'expériences. Un jour, Boganathar a sélectionné quatre de ses meilleurs disciples pour tester un nouveau comprimé de kaya kalpa, qu'il avait développé. Ils ont gravi une montagne avec le chien de compagnie de Boganathar. Celui-ci a commencé par donner un comprimé à son chien pour en voir les effets. Après avoir avalé le comprimé, le chien est tombé mort. Ensuite, Boganathar a appelé un volontaire. Sans hésitation, un de ses disciples s'est avancé, a pris le comprimé et est tombé sur le sol. À nouveau, Boganathar a appelé un volontaire. Ne voulant pas décevoir son *guru*, un autre disciple a pris le comprimé et est tombé mort. Lorsqu'il a offert un comprimé à ses deux derniers disciples, ils se sont mis à pleurer, car ils avaient peur de mourir. Alors, Boganathar a avalé le comprimé et est tombé mort. Saisis de douleur, les deux disciples sont descendus de la montagne afin de chercher les autres disciples pour accomplir les derniers rites pour leur guru et leurs compagnons. Mais quand plusieurs heures après ils sont revenus, prêts à accomplir les derniers rites, les corps de Boganathar, des deux disciples et du chien n'étaient plus là. Regardant au loin sur une montagne voisine, à leur grande surprise, ils ont vu leur guru Boganathar, ses deux disciples et son chien qui marchaient en direction du soleil couchant.

Un certain nombre d'adeptes de yoga, qui ont utilisé plus récemment des formules authentiques du kaya kalpa sous des conditions très strictes pour vivre plusieurs centaines d'années, ont remarquablement réussi. Un de ces exploits a été minutieusement documenté dans le livre *Tapaswiji : Le Saint qui a vécu 185 ans*, par T. S. Anantha Murthy (il a été publié plus tard sous le titre *Maharaja*, par Dawn Horse Communion, aux É.-U.). Il raconte l'histoire de Krishna Singh, le prince de Patiala, qui est né en 1770 et a vécu jusqu'en 1955. Subitement, à l'âge de cinquante-cinq ans, alors qu'il rentrait chez lui après une mission diplomatique auprès du dernier empereur moghol Bahadur Shah, à Delhi, Krishna Singh a décidé d'abandonner son titre afin de chercher Dieu uniquement. À l'instant même, il s'est arrêté, est descendu de son cheval, l'a attaché à un arbre, a enlevé son armure et a laissé une note disant que celui qui trouverait son cheval et son armure pouvait en prendre possession. Il a marché en direction de Haridwar, lieu saint, sur les rives du Gange, près de l'endroit où le fleuve émerge des montagnes de l'Himalaya. Il a commencé à pratiquer le yoga très sérieusement guidé par des adeptes à Haridwar.

Des années après, grâce à sa constitution robuste, une profonde aspiration à réaliser Dieu et une volonté de fer, et après avoir acquis de bonnes connaissances et expériences dans la pratique du yoga, il a commencé une nouvelle vie en devenant un moine errant. Pendant des années, il s'est soumis à des pratiques intensives de yoga dans les grottes de l'Himalaya. Ces pratiques intensives sont appelées *tapas*, elles ont pour but de vaincre les faiblesses de la nature humaine et de permettre à l'individu de réaliser son potentiel ultime. Il a ensuite marché 2 400 kilomètres vers le sud à la pointe de la Birmanie, puis il est retourné à Assam dans le nord-est de l'Inde.

Trente ans après être devenu moine, âgé et faible, ce grand adepte du yoga, ce tapaswiji, a rencontré un ascète saint d'allure jeune, qui comme lui s'était engagé dans la pratique ardue de tapas pendant des années. Cet ascète a offert à Krishna Singh le rajeunissement physique par un traitement kaya kalpa qu'il devait suivre pendant un an. Ce dernier a accepté et il a vécu pendant un an dans une hutte en paille. Une fois par jour, il prenait une petite portion de la formule kaya kalpa que son bienfaiteur lui apportait. Durant cette année, il a reposé son vieux corps en méditation yogique. En l'espace de quelques mois, ses cheveux ont repoussé noirs, de nouvelles dents se sont formées, sa peau est devenue douce, sa vue s'est améliorée et son corps s'est renforcé. Au bout d'un an, il a arrêté le traitement et est sorti de la hutte avec l'apparence d'un homme de 30 ans !

Krishna Singh est retourné dans l'Himalaya, où il a continué ses tapas très difficiles pendant de longues périodes. La durée de l'un de ces tapas fut de 14 ans sans interruption, durant lesquels il est resté debout dans une grotte dans l'état sans souffle du samadhi. Lorsqu'il est sorti de la grotte, les arbres à l'entrée de la grotte, qui étaient très petits quand il était entré, étaient devenus très hauts. Il a fait la rencontre de saints hommes étonnants, qui étaient même plus vieux que lui. Une des histoires les plus remarquables de ce récit détaillé concerne sa rencontre à deux reprises avec Aswathama, le général, qui cinq mille ans auparavant, avait été du côté des perdants dans la fameuse bataille de Kurushetra, immortalisée par la *Bhagavad Gita*, « le chant du bienheureux » de Krishna.

Krishna Singh a suivi deux autres traitements de kaya kalpa. Ayant atteint une certaine célébrité, il a attiré l'attention de deux érudits, qui en 1937 lui ont demandé de leur donner le traitement de kaya kalpa. Il a gracieusement accédé à leur demande. Le traitement, qui a duré un an, les a rajeunis de 30 ans, et leurs photos sont parues dans plusieurs journaux indiens. Tapaswiji a continué à vivre jusqu'en 1955, passant la plupart de son temps dans son ashram près de Bangalore, avant de mourir à l'âge de 185 ans !

L'histoire de Krishna Singh n'est pas unique. J'ai rencontré plusieurs Siddhas ayant vécu longtemps, parmi lesquels Deohara Baba dont on dit qu'il a plus de 300 ans. Il semblait certainement être la personne la plus vieille que j'ai rencontrée dans ma vie avec son corps vouté, sa peau flétrie – et complètement nu. Cette rencontre eut lieu en 1986, lorsque j'ai passé 48 jours à la Kumba Mela d'Haridwar, où plus de 25 000 Naga Babas (ascètes nus) ainsi que 100 000 adeptes et moines ayant renoncé, dont la majorité provenait de l'Himalaya, descendirent de leurs grottes pour aller à la rencontre de 12 millions de dévots. Ce grand rassemblement a lieu à cet endroit tous les 12 ans.

En 2002, j'ai passé plusieurs jours avec Barfani Dadaji, un autre *Baba* (moine), dans son ashram à Indore, dans le Madhya Pradesh. *Barfani* signifie celui qui est recouvert de neige et *Dadaji* est un terme affectueux qui veut dire oncle bien-aimé. On dit que Barfani Dadaji est âgé de plus de 250 ans et qu'il possède de nombreux siddhis. Il est sans aucun doute la personne la plus calme que j'ai rencontrée. Assis sur sa véranda, il prenait des appels téléphoniques de gens bien intentionnés toutes les deux minutes, il leur disait « *Acha, acha* » (Oui, oui), rien ne semblait troubler sa sérénité.

Le jour suivant, durant un entretien privé, il raconta à ma femme Durga et à moi-même sa vie de 1929 à 1962 dans une grotte en haut du mont Kailash, l'endroit le plus sacré des Shivaïtes, au-delà de la frontière, au Tibet. C'est là qu'il devint le disciple de Babaji Nagaraj, le grand Siddha légendaire fondateur du Kriya Yoga qui fut révélé pour la première fois dans l'ouvrage de Paramahansa Yogananda, *Autobiographie d'un yogi*. Il nous raconta également comment il eut recours au traitement kaya kalpa à deux reprises.

Une des anecdotes les plus intéressantes concerne l'homme avec qui il partageait sa grotte et qui y vivait depuis des centaines d'années. Des poils épais recouvraient tout son corps et ses ongles étaient devenus si longs qu'il ressemblait à un ours ! Dadaji se mit à rire en évoquant le souvenir de cet adepte. Dadaji fut contraint de quitter le mont Kailash en 1962 lorsque les Chinois envahirent le Tibet et la région himalayenne de Garwhal, en Inde. Cependant, il eut depuis plusieurs fois l'occasion de retourner à cette même grotte et il y a récemment revu son guru, Babaji.

Le développement progressif du mystique

La science médicale et la science spirituelle ne sont pas des sujets séparés pour les Siddhas. Ayant partagé l'information l'un avec l'autre, les Siddhas maîtrisent les deux. En Occident cependant, les deux sujets ne sont plus considérés comme un seul depuis bien longtemps. Nous pouvons dès lors commencer à comprendre qui sont réellement les Siddhas en les confrontant et en les comparant avec des références qui nous sont plus familières.

Les Siddhas du Yoga sont des mystiques, mais ils sont bien plus que cela. Le mot mystique vient du mot grec *muein* (fermer la bouche et les yeux). Cependant, ces deux indications concrètes de l'expérience mystique font seulement allusion à l'état intérieur du mystique dans lequel il perçoit l'unité en toute chose, transcendant la dualité du sujet-objet de l'esprit ordinaire.

Dans l'état de conscience ordinaire, nous ne parvenons pas à appréhender la réalité sous-jacente, qui est constante, éternelle et infinie. À la place, l'esprit ordinaire se cristallise autour des objets expérimentés à travers les cinq sens, les pensées, les mémoires et les émotions. Nous ne voyons que les vagues à la surface de l'océan. Le mystique, quant à lui, contemple non seulement tout l'océan, mais s'y plonge, se fondant en lui dans une béatitude transcendante. La montée et la descente des expériences du mystique, comme les vagues à la surface de l'océan, sont réelles, mais elles s'effacent au profit de l'expérience profonde de l'unité de l'Être, la Conscience et la Béatitude, exprimée par la joie de l'unité.

De plus, le mot mystique s'emploie généralement pour désigner les premiers stades du développement spirituel, du moins dans la littérature occidentale. L'esprit n'a pas de forme et, depuis la Renaissance, l'étude du mysticisme a été largement supplantée en Occident par l'étude scientifique de la nature, ou la réalité objective, le côté pile de la pièce de monnaie sujet-objet. Pourtant, de nombreux scientifiques qui étudient les origines de la réalité objective aujourd'hui commencent à apprécier la portée du mysticisme. Pour Einstein, l'essence du mysticisme est ce que nous pouvons expérimenter de plus subtil. Il s'agit de l'émotion fondamentale à la racine de la science. Nous pouvons définir « l'accomplissement… comme un aperçu intuitif instantané nourri par l'impression que ce n'est pas quelque chose d'accessible au sens commun, à l'entraînement ou à l'étude rationnelle ».

Lorsque Einstein fut accusé de plagiat dans la publication de sa célèbre théorie de la relativité, il se défendit en disant que sa découverte ne provenait pas d'une déduction logique. Plutôt, elle lui était venue dans une intuition soudaine et spontanée. De tels aperçus sont caractéristiques des réalisations mystiques.

Lorsque la communion mystique avec la dimension spirituelle de l'existence devient superficielle, nous pourrions appeler le mystique un saint. La perspective égoïste ordinaire d'un saint est remplacée, du moins en partie, par la conscience de la présence du Divin. L'*égoïsme* est l'habitude de s'identifier avec le corps et les sensations, avec les émotions et les fluctuations du mental. À mesure que nous abandonnons cette fausse identification, l'arrière-plan, qui est pure conscience, revient au premier plan. Nous lâchons prise sur la perspective ordinaire de l'ego (« je suis le corps » ou « je pense ») au profit de l'âme (*Je suis*) ou du Témoin.

Le Témoin ne fait pas, ne pense pas, ou ne ressent rien. Il est la conscience en soi. Le Témoin est, tout simplement. Il observe les actions, les pensées, les sensations et les sentiments qui vont et viennent. L'âme ou le Témoin n'a pas de forme. C'est la pure Conscience, le sujet. Le mental et la nature sont des objets. L'âme perçoit toute cette activité comme une émanation et une disparition dans l'Unité, Être Suprême Innommable, infini, éternel. Ce n'est pas une affirmation intellectuelle et théologique, mais une perspective personnelle intense et même extatique.

Cependant, si l'abandon ou la communion des mystiques sont limités au plan spirituel de la réalité, ils peuvent encore être attachés au besoin de faire des distinctions philosophiques ou théologiques. Le mystique continuera ainsi jusqu'à ce qu'il renonce à l'ego sur le plan intellectuel. Les mystiques chrétiens pourraient faire référence à *ma croyance* ou *ma foi* et attribuer leurs intuitions à Jésus ou la foi chrétienne. Un bouddhiste mystique pourrait dire, *je pense*, ou utiliser d'autres mots symboliques, cherchant à traduire l'expérience d'unité mystique dans des formes qui peuvent être communiquées.

Néanmoins, à mesure que l'abandon devient plus profond, nous laissons tomber graduellement le *je* et le *mien*, l'ego est dissout et la Conscience Silencieuse envahit tout ce qui est pensé, dit ou fait. Les différentes parties de l'esprit ou de l'intellect ne peuvent plus entrer en opposition. Il n'y a plus de *mien* ou de *tien* pour contraindre, influencer ou résister. Il n'y a plus aucun besoin d'accumuler de l'information.

On devient un sage sur le plan intellectuel de l'existence quand nous sommes capables d'entrer dans un état d'identification par le samadhi, en communion avec n'importe quel sujet envisagé. Dans cet état, nous pouvons devenir intimes et nous familiariser avec tout sujet d'étude, car la barrière sujet-objet a été transcendée. On est dans un état de communion avec l'objet.

L'ego persiste cependant, jusqu'à ce que l'abandon englobe tous les plans de l'existence. Il existe toujours le risque d'une chute, et le désir, l'aversion, l'attachement à la vie peuvent encore créer de la souffrance. C'est-à-dire qu'une partie de notre nature humaine résiste à la transformation que l'abandon exige, en particulier le plan mental – siège de l'imagination et des désirs – et le plan vital – siège des émotions.

À mesure que l'abandon du mystique s'approfondit et atteint le plan mental, siège des cinq sens, il devient un Siddha, manifestant des *siddhis* (pouvoirs divins) en commençant par la clairvoyance (l'habileté à percevoir des objets à distance dans le temps et l'espace), la clairaudience (le sens subtil de l'ouïe) et la clairsentience (le sens subtil du toucher). Le mystique peut prophétiser, guérir les malades et connaître le passé des autres par la vision intuitive, parce que les siddhis donnent le pouvoir d'entrer dans des états profonds de communion avec le passé, le futur ou tout autre aspect d'un objet sur lequel la concentration est établie.

Quelques rares Siddhas réussissent à s'affranchir de leur ego au niveau du plan vital de l'existence. Ils deviennent alors des *Maha Siddhas* (grands Siddhas), capables de manifester des siddhis, qui impliquent la nature matérielle elle-même. Ceux-ci peuvent inclure la matérialisation d'objets, la lévitation, le contrôle de la météo, la réalisation des vœux et l'invisibilité. Bien qu'ils vivent principalement en Inde, au Tibet, en Chine et en Asie du Sud-est, selon leur dire, les Siddhas ont voyagé dans le monde entier.

Il existe de nombreux exemples de tels Siddhas au 20e siècle. On peut citer *Autobiographie d'un yogi* de Paramahamsa Yogananda ; *Miracles de l'amour*, l'histoire de Neem Karoli Baba ; *Vivre avec les maîtres himalayens* de Swami Rama ; *Arut perum Jothi et le corps immortel*, la vie de Ramalinga Swamigal par T. R. Thulasiram ; *Sri Aurobindo : L'aventure de la Conscience*, par Satprem ; *Maharaj : Une biographie de Shriman Tapasviji Maharaj, un Mahatma qui a vécu 185 ans*, par T. S. Anantha Murti. Ces récits montrent que Jésus n'a pas été le seul à accomplir des miracles. Toutes ces histoires sont des témoignages oculaires souvent tout aussi humoristiques qu'émouvants.

Le Tirumandiram fournit trois catégories majeures d'âmes, avec dix subdivisions. En considérant l'évolution, le Siddhar Tirumular décrit comment l'âme monte au prochain niveau en se débarrassant des trois impuretés, soit karma, maya et égoïsme. Ceux qui ont vraiment atteint l'illumination sont libérés de tous les trois, et sont unis au Seigneur.

L'immortalité physique n'est qu'une conséquence secondaire de l'abandon total à Dieu et n'en constitue pas le but

Les Maha Siddhas sont capables d'abandonner leur ego sur le plan physique et de manifester des siddhis, qui peuvent contrôler la nature elle-même. Ceci est difficile à concevoir, même pour le plus sérieux des yogis, s'il reste attaché à l'ancien paradigme de l'opposition esprit-conscience versus corps-monde. Je parle ici d'un tel degré d'avancement de purification de l'ego que même les cellules du corps physique abandonnent leur propension limitée au métabolisme et deviennent assujetties à la conscience élargie du Siddha. Le corps physique irradie cette lumière dorée de la conscience et devient imperméable à la maladie et à la mort.

Patanjali nous dit que jusqu'à ce que les vieilles habitudes d'identification avec le corps et les pensées soient totalement déracinées, par le constant retour à la source de la conscience, l'ego peut même leurrer le saint ou le Siddha. Par exemple, il peut utiliser ses pouvoirs pour attirer l'attention. Pourtant, lorsque l'abandon se produit même dans le corps physique, l'ego est vaincu pour toujours. Nous réalisons alors que nous ne sommes « rien de spécial », car nous sommes identifiés uniquement à *Cela*, qui imprègne tout : la pure conscience.

Certains Siddhas à travers les âges ont atteint cet état. D'hier à aujourd'hui, ils n'accordent aucune importance à leur personne, leurs pouvoirs, leur biographie ou leurs activités, car ces choses ne sont pas à « eux ». Ces êtres illuminés sont des instruments de la Puissance et de la Lumière Divine et toutes actions et tout temps de repos, qui circulent à travers eux, sont le résultat de ce Pouvoir Divin. Ce n'est donc pas un hasard si l'on sait si peu de chose sur les siddhas, leurs actions ou leur vie personnelle. Par contre, leurs enseignements de sagesse sont connus, parce qu'ils ont eu à cœur de nous transmettre cette sagesse acquise non sans grandes douleurs. C'est cette conscience, cette sagesse, cette expérience de l'ultime Réalité, qu'ils considèrent comme suprêmement importante, car elle nous indique le chemin pour atteindre le « Royaume de Dieu ».

Les Siddhas peuvent être amenés à conserver le même corps physique durant un temps indéfini. Ils peuvent même être appelés à transmigrer dans un autre corps, à se dématérialiser, à monter au ciel comme le fit Jésus, ou à habiter plus d'un corps visible à la fois à deux endroits différents.

Nous avons l'exemple bien documenté de Ramalinga Swamigal, qui est né en 1823 et dont le corps physique a disparu de la terre de manière spectaculaire dans un éclair de lumière violette en 1874. Son corps ne projetait pas d'ombre au soleil, était totalement invulnérable et ne pouvait être photographié lorsqu'il posait avec un groupe, malgré plusieurs tentatives par des photographes professionnels. Depuis lors, on dit que Ramalinga Swamigal réapparaît à l'occasion pour venir en aide à des dévots en difficulté. De nos jours encore, dans le sud de l'Inde, les dévots et les enfants continuent de chanter bon nombre des quelques 40 000 poèmes et hymnes qu'il a écrits, exaltant le sentier de la « lumière de la grâce suprême ».

Un autre exemple est celui de Kriya Babaji, décrit dans *Autobiographie d'un yogi* et dans *La voix de Babaji : Une trilogie du Kriya Yoga*. De plus, nous avons les descriptions par les Siddhas Agastyar, Boganathar et Sri Aurobindo, qui ont laissé des informations détaillées sur leur processus d'abandon au niveau du corps physique et sur différentes formes d'immortalité. Mircea Eliade a écrit dans *Yoga : Immortalité et liberté*, les Siddhas « comprenaient que la libération était la conquête de l'immortalité ».

Une fois que le processus d'abandon de l'ego embrasse le plan intellectuel, bien souvent le mystique n'a plus besoin de s'appuyer sur l'autorité des écritures sacrées. Leur expérience personnelle devient l'ultime autorité pour témoigner de leur vérité. Le Siddha est un libre penseur et un révolutionnaire, qui refuse de se soumettre à un dogme, écriture ou rituel quelconque. Les Siddhas sont des radicaux au vrai sens du terme, car ils ont atteint personnellement la racine des choses et, ayant trouvé la vérité à cet endroit, ils ne sont plus liés par les injonctions des écritures sacrées.

L'affiliation sectaire n'est pas importante pour les Siddhas. Ils se sentent à l'aise parmi les fidèles de toutes les confessions. Les Siddhas conçoivent la vérité comme devant d'abord être expérimentée dans le samadhi, la communion mystique de l'absorption cognitive, et ensuite graduellement de s'abandonner à elle complètement, jusqu'à ce que cela devienne leur état constant de conscience dans l'état d'illumination. Ils ne cherchent pas à créer des systèmes philosophiques ou de croyances religieuses. Nous ne trouvons aucune trace d'opinions partagées ou de pensées collectives dans les poèmes des Siddhas ; c'est une philosophie ouverte dans laquelle toutes les expressions de la vérité sont honorées. Leurs poèmes et chants ne prêchent aucune doctrine ; ils indiquent seulement une direction par laquelle le désir pour une réalisation directe, intuitive, personnelle et profonde de la vérité Divine peut être réalisé.

Les Siddhas utilisaient un langage énergétique, vernaculaire, visant à bousculer les gens hors de leur moralité conventionnelle et de leur identification illusoire à l'ego. Pour rejoindre leur auditoire, ils avaient recours au langage commun du peuple, plutôt qu'au sanskrit. Ils incitaient les auditeurs à se rebeller contre les croyances et pratiques orthodoxes prétentieuses et vides, tels que l'adoration dans les temples, les rituels, le système des castes et les prières de requêtes.

Les préoccupations sociales des Siddhas

La personne spirituelle qui a réalisé le Soi trouve le Divin non seulement en elle-même, mais dans tous les êtres. Son équanimité intègre les quatre voies prescrites par les Siddhas : *chariya* (le service désintéressé, ou Karma Yoga), *kriya* (la dévotion externe ou interne, ou le Bhakti Yoga), *yoga* (surtout le Kundalini Yoga) et *jnana* (la sagesse ou la connaissance de la vérité). Ayant réalisé son unité avec toute la dimension spirituelle, son équanimité est pleine de compassion. Il voit tout le monde comme lui-même et ne cherche pas uniquement son propre salut. Il prend sur lui-même les souffrances des autres et travaille pour leurs libérations sans être affecté par leur souffrance. Voulant partager leur joie avec tout le monde, de telles âmes libérées incarnent l'enseignement *arrupadai* des Siddhas, « montrer la voie aux autres » : ce que l'on doit faire et ce que l'on doit éviter de faire. Le Siddha, sage réalisé, est toujours engagé avec beaucoup d'équanimité à faire le bien pour toutes les créatures et fait de cela son occupation et son plaisir (Gita V.25). Le yogi parfait n'est pas une personne solitaire réfléchissant sur le Soi dans une tour d'ivoire. Il est un travailleur universel aux multiples facettes qui travaille pour le bien du monde, pour Dieu dans le monde. Parce qu'un tel yogi est un *bhakta*, un amoureux du Divin, il voit le Divin en chacun. Il est aussi un *karma yogi*, parce que ses actions ne l'éloignent pas de la béatitude de l'union. Comme tel, il voit que tout provient de l'Unité et que toutes ses actions sont dirigées vers l'Unité.

Le contexte historique des Siddhas

Comme indiqué plus haut, les Siddhas, à quelques rares exceptions près comme ce fut le cas pour Boganathar, se sont abstenus de fournir des détails biographiques sur leur vie. Étant devenus un avec le tout, ils n'ont pas ressenti le besoin de se référer à leur ancien petit moi, ou même à se présenter comme des êtres spéciaux. Être spécial nous sépare automatiquement de l'état d'Unité. Et parce qu'ils changeaient souvent leurs noms et transmigraient dans d'autres corps à volonté, il est souvent difficile de savoir qui est qui. Pour déterminer à quelle période historique ils ont vécu, nous devons trouver des indices dans leurs textes.

À ce jour, notre étude de leurs écrits indique que la plupart ont vécu et composé de la période allant de plusieurs centaines d'années avant l'ère chrétienne jusqu'aux environs du 13e siècle apr. J.-C., durant une floraison de littérature de Siddha. À l'aide de pointes d'acier, ils ont gravé leurs enseignements sur des feuilles de palmier dans un langage du sud de l'Inde, le tamoul, l'une des langues les plus anciennes du monde, toujours utilisé par plus de 100 millions de Tamouls de l'Inde et au nord du Sri Lanka. Les enseignements sont écrits en versets poétiques, mais obscurs, car les Siddhas voulaient délibérément cacher leur sens le plus profond au non-initié. Le *Tirumandiram* du Siddha Tirumular, avec ses trois mille versets, est sans doute l'œuvre littéraire la plus importante qu'ils aient laissée. Il s'agit d'une encyclopédie de yoga, philosophie, théologie, métaphysique, éthique et de science spirituelle ésotérique sous forme de versets poétiques inspirés et emplis de dévotion pour le Seigneur. Il fut probablement achevé vers le 4e siècle apr. J.-C., bien que certains savants le situent à l'ère préchrétienne.

Les écrits volumineux du Siddha Boganathar sont notre plus grande source de détails biographiques et historiques sur les Siddhas. Boganathar avait un esprit scientifique et a rapporté de nombreuses anecdotes personnelles au sujet d'autres Siddhas de sa connaissance. Ces histoires ont été traduites et publiées en 2 volumes, *The Yoga of Siddha Boganathar.*

Depuis l'an 2000, une équipe d'érudits a transcrit des portions des écrits des Siddhas pris sur des feuilles de palmier dans une forme moderne du tamoul, et par la suite, a traduit en anglais plusieurs centaines de poèmes sélectionnés avec des commentaires. Ils sont maintenant publiés en six volumes.

Bien que l'étude de ces œuvres puisse ne pas satisfaire les besoins de l'historien, elle nous inspire à chercher le Seigneur par la pratique du Kundalini Yoga, ce qui était l'objectif des Siddhas en composant leurs poèmes.

Aspirez à réaliser notre potentiel humain le plus élevé

Les enseignements de la sagesse et les pratiques du Kundalini Yoga transmises par les Siddhas du Yoga sont considérés par de nombreuses personnes comme étant le plus grand héritage de l'humanité. « Si le but de la connaissance de l'homme est la délivrance de la souffrance » comme l'affirme Swami

Hariharananda Aranya, « la connaissance qui élimine complètement la souffrance est considérée comme la plus grande ». Les enseignements des Siddhas sont de nature pratique et se concentrent sur l'utilisation de l'art scientifique du yoga comme un moyen permettant non seulement de soigner ou d'éviter les maladies physiques et mentales, mais de finalement nous guider à aspirer à notre plus haut potentiel humain. Cela inclut la réalisation de notre potentiel à être bon et à faire le bien. Les Siddhas concevaient le Seigneur en tant que « Bonté », Être absolu, Conscience et Béatitude. Puissions-nous tous aspirer à Cela.

ॐ CHAPITRE 3 ॐ

L'anatomie du désir : créer un équilibre émotionnel par la pratique spirituelle de l'étude de soi

Vous êtes-vous déjà demandé pourquoi vos désirs sont si forts ? Pourquoi vous énervez-vous ou vous mettez-vous en colère lorsque des obstacles inattendus vous empêchent d'obtenir ce que vous voulez ? Et pourquoi la frustration qui en résulte vous déprime lorsque vous êtes fatigué ou vous rend agressif si vous êtes en forme ? Avez-vous remarqué comme vos pensées sont liées à vos sentiments ? Avez-vous tendance à vous faire du souci pour des choses sans importance de la vie courante ? Vous plaignez-vous souvent sans raison ? Qu'est-ce qui vous enthousiasme ? Qu'est-ce qui vous ennuie, vous rend apathique ?

Si vous voulez être le maître de votre vie, vous devez comprendre comment et pourquoi les désirs et les émotions qui en découlent agissent en vous. Vous êtes responsable des désirs qui naissent en vous. Et vous êtes responsable pour vos réponses aux désirs. Mais comprendre « l'anatomie du désir » n'est que la première étape. Lorsque vous l'aurez compris, il sera nécessaire de travailler à transformer votre nature humaine afin de pouvoir développer une sérénité émotionnelle et spirituelle.

Qui êtes-vous ? L'anatomie du corps subtil

Développer une sérénité émotionnelle commence par se poser la question fondamentale, qui suis-je ? Nous souffrons, car nous nous identifions à nos corps physiques, à nos émotions et à nos pensées éphémères. Sous un angle spirituel, nous réalisons que nous ne pouvons pas être quelque chose qui est là à un instant donné et qui disparaît l'instant d'après. Notre corps, nos émotions et nos pensées changent continuellement. Nous ne pouvons être que ce qui *est* permanent, ce qui ne change jamais.

Quelle partie de vous *est* immuable ? Quelle partie de vous ne change jamais ? Les personnes spirituelles, réalisées, nous disent que Ce que nous sommes réellement est le Témoin conscient, celui qui voit le film de sa vie. Nous le connaissons par la pensée *je suis*, non pas *je suis ceci ou cela*, mais simplement *je suis*. En effet, c'est le centre de votre être, sans forme, intemporel, le corps spirituel, si vous voulez. C'est l'être psychique secret, l'élément divin en vous. Il devient aussi votre guide - celui qui connaît la vérité, ce qui est bon, la vraie joie et la beauté de l'existence - quand vous êtes consciemment et complètement identifié avec votre âme. Ensuite, l'esprit, la vie et le corps prennent leur véritable place en devenant ses instruments.

Vous vous mouvez dans ce monde à l'aide des cinq véhicules qui sont connus comme les *koshas*. Ils sont comme des enveloppes d'énergie ; chacune ayant sa propre fréquence, sa densité et ses mouvements caractéristiques : le corps physique, le corps vital, le corps mental et le corps intellectuel. Selon le yoga, l'être humain ne se limite pas au corps physique, mais est composé en fait de plusieurs corps concentriques ou gaines d'énergie-conscience, allant du plus grossier au plus subtil.

1. Le corps *physique* appelé *annamayakosha* (*anna* signifie nourriture) : il représente la matière, la partie visible de l'être humain, y compris la conscience du corps au niveau cellulaire qui agit sans intervention du mental.

2. Le corps *vital* appelé *pranamayakosha* : qui est le siège des désirs, des sensations, des émotions, des passions, des aspirations, des instincts de possession, de la peur, de la colère, de l'avidité, de la luxure, de la tristesse, de la joie, de la haine, des aversions, de la fierté, des attirances, des préférences, etc. Les corps mental et vital semblent se mélanger, mais ils sont bien séparés l'un de l'autre.

3. Le corps *mental*, appelé *manamayakosha*, orienté vers les sens : c'est celui de la connaissance, de la perception par les sens, de notre façon de réagir aux pensées, l'utilisation de nos forces mentales pour réaliser nos idées, de l'expression des idées par la parole.

4. Le corps *intellectuel* appelé *vijnanamayakosha* : c'est le corps qui raisonne, analyse, synthétise et construit des idées à partir des signes, des indications et des informations ; l'esprit est subordonné à l'intelligence. L'esprit prend position par fractionnement et oublie l'Unité qui est derrière. Néanmoins, il est capable de la retrouver par l'illumination qui se produit quand l'individu se transcende et devient conscient de la Vérité et la Réalité Ultimes sous-jacentes à tout nom et toute forme.

5. Le corps *spirituel* appelé *anandamayakosha* (*ananda* signifie félicité) : l'être éternel ou le Soi individuel, la conscience spirituelle par laquelle nous entrons en contact avec le Soi, l'Esprit, et qui peut voir dans toute chose leur réalité essentielle et le jeu des forces et phénomènes comme provenant de la Réalité essentielle.

Ces cinq corps agissent les uns sur les autres continuellement. Cependant, nous ignorons généralement ces interactions, car notre conscience est absorbée dans leur jeu. En cultivant la présence au quotidien et en pratiquant la méditation, nous pouvons arriver à discerner et distinguer le fonctionnement de chacun de ces corps.

L'égoïsme : un exemple d'erreur d'identification avec les véhicules de votre anatomie grossière et subtile

Les quatre premiers corps ne sont que des véhicules pour notre corps spirituel. De plus, ils changent continuellement. Les émotions ou les pensées qui se répètent ou même les sensations physiques créent l'illusion de la permanence, alors qu'en fait, rien n'est permanent dans ces corps. Le cerveau humain peut être comparé à l'escargot dont le système nerveux est si peu développé qu'il lui faut plusieurs secondes pour réaliser que l'obstacle qui se trouve sur son passage a été ôté. Il ne voit pas ce qu'il y a de fondamental derrière l'évènement, qui est énergie consciente, et c'est ainsi que nous nous identifions avec ce que nous ne sommes pas.

Cette limite est l'*égoïsme* : l'habitude de s'identifier avec des sensations physiques, des émotions, des sentiments et des pensées, simplement parce qu'ils se répètent et créent ainsi l'illusion que tout est permanent. Par conséquent, si nous sommes notre corps, nos émotions et notre esprit, alors notre motivation première est de tout faire afin de nous faire plaisir ou éviter de souffrir. Lorsque les actes, les mots ou les pensées sont répétés par habitude, nous développons des goûts et des aversions. Ainsi, lorsque nous sommes sous l'emprise d'un désir par exemple de faire telle ou telle chose, ou bien de manger une glace, ou encore de ressentir une certaine émotion, de revivre un souvenir, nous pensons « je suis » ce sentiment, ce souvenir ou cet acte. Nous entendons notre esprit faire écho au désir par des affirmations comme « j'ai besoin de faire cela ... je pense ... j'ai cette émotion ».

Reconnaître le corps vital, le siège des désirs et des émotions

Au fond, nous sommes des animaux munis d'un système nerveux plus évolué qui nous permet de concevoir la perfection, de reconnaître nos imperfections et d'envisager des stratégies et d'exercer une volonté pour relier les deux. Et comme les animaux, nous avons un corps vital qui est le siège des émotions et des désirs. Le *désir* est la manifestation première du corps vital.

Le corps vital, plus subtil que le corps physique, mais plus grossier que le corps mental, nous anime par son énergie. Il pénètre, influence, voire même corrompt, constamment le fonctionnement de chaque partie de notre être. Le vital est cette partie de notre nature humaine complexe qui contient en elle-même toute la force sous-jacente qui nous permet d'agir. Tous nos désirs pressants, notre enthousiasme bouillonnant et l'intensité de la passion ont leur siège dans ce corps.

Nous devenons conscients de notre corps vital à chaque fois que nous nous sentons apathiques, tristes, peureux, fiers, en colère, plein de convoitises, courageux ou même lorsque nous souhaitons être aimés ou acceptés par les autres. En fait, chacune de ces émotions se manifeste de façons très variées. Elles proviennent de notre ego qui cherche à être aimé ou à contrôler. Toutes ces émotions deviennent des désirs lorsqu'au lieu de nous en détacher, et de reconnaître leurs effets fondamentaux sur notre bien-être, nous les transformons en fantasmes et agissons en vue de les satisfaire. Il est intéressant de mettre en contraste cette façon humaine de réagir avec la réponse qu'a faite le grand sage du 20e siècle, Ramana Maharshi, lorsqu'il lui a été demandé de décrire son état d'illumination : « Maintenant, plus rien ne peut me déranger. »

Si le corps vital est perturbé, cela peut engendrer des conséquences importantes :

- des peines et des rancunes inutiles ;
- de l'insatisfaction ;
- de la rancœur, de l'impatience et de l'irritation causées par le plus petit obstacle à nos souhaits ;
- une tendance à l'agressivité ;
- la perte de son calme en cas d'obstacles sur notre chemin ;
- l'attente de compliments ;
- de dramatiser ;
- de rechercher des plaisirs malsains, d'avoir une fascination perverse pour les peines et souffrances des autres ;

- de se laisser succomber à des faiblesses précédemment rejetées ;
- de se détourner de la vie spirituelle et de se priver de sa bénédiction douce et inhérente ;
- de résister aux aspirations spirituelles et aux efforts pour se purifier de ses tendances habituelles.

Alors qu'un corps vital équilibré n'a pas de pouvoir de discrimination, il nous amène à nous réjouir constamment de chaque expérience vécue.

La vie vue au travers du corps vital

Voici quelques expériences caractéristiques dans lesquelles est impliqué le corps vital :

1. Une fraction de seconde après que votre conjoint vous ait reproché d'avoir oublié de faire quelque chose, vous vous sentez coupable et sur la défensive.
2. À l'aéroport, après avoir entendu une annonce vous informant que votre vol est annulé, vous sentez de l'anxiété. Au même moment, votre corps intellectuel dit, que vais-je faire ? Puis, je dois faire ceci ou cela.
3. Lorsque vous avez faim, vous avez des crampes d'estomac et vous vous sentez faible et cela vous rend impatient et nerveux.
4. Vous vous sentez envahi par le chagrin au souvenir d'un être cher décédé et vous compensez en mangeant. Vous vous surprenez à réfléchir sur la vie après la mort.
5. Vous entendez quelqu'un critiquer vivement un homme politique que vous appréciez à la télévision, et votre esprit commence à débattre à propos de ce qui est dit, vous éprouvez des sentiments de frustration.
6. Vous regardez votre montre et votre esprit vous dit « je suis en retard », vous faites preuve d'impatience et vous vous pressez.
7. Lors d'une réunion amicale, vous êtes enthousiaste et heureux de parler à autrui. Votre corps vital échange et partage de nombreux sentiments

avec les personnes avec qui vous parlez. Cet échange vous incite à parler et à boire davantage et vous fait oublier, au moins momentanément, la tristesse que vous avez ressentie les jours d'avant. Vous vous nourrissez des sentiments des autres.

8. Votre colocataire est triste et s'ennuie, vous êtes également gagné par la déprime. Alors vous passez des heures devant la télévision, ce qui en fait stimule tout un tas de pulsions vitales au fur et à mesure que vous êtes submergé par les émotions dégagées par les acteurs et que vous soulagez votre ennui.

Dans les exemples ci-dessus, vous voyez que parfois le corps vital initie une réaction en chaîne qui met en œuvre le corps physique, le corps mental et le corps intellectuel (exemples 7 et 8), mais parfois c'est ce dernier qui initie une réaction des autres corps comme le corps vital (exemple 5). La plupart du temps, c'est le corps mental qui initie cette réaction en chaîne (exemple 1, 2 et 6). Si vous voyez, entendez, sentez, goûtez ou écoutez quelque chose ou que vous l'imaginez, par exemple si vous fantasmez sur ce qui va se passer lors de votre rendez-vous amoureux le prochain weekend, vous commencez à vous réjouir, à trépider, à convoiter ou à avoir peur. Observez comment le corps physique peut provoquer une réaction du corps vital (exemple 3) ou que le contraire se produise (exemple 4).

En remontant à la source, nous pouvons déterminer si c'est une réaction habituelle qui nous pousse à réagir de la sorte et si c'est le cas, nous pouvons faire disparaître cette source de souffrance. Devenir conscient de l'interaction de ces cinq corps est la première étape dans ce que nous nommons « l'étude de soi » ou « la purification des désirs » que nous étudierons ultérieurement. Voyons tout d'abord comment la société s'est organisée pour protéger ses membres d'éventuels dégâts dus à des passions incontrôlées.

La suppression, l'expression et les exigences des désirs du corps vital

Afin de réfréner les élans et les appétits du corps vital qui n'est pas capable de discrimination, dès que la société s'est organisée, il a fallu adopter des règles, des lois et des codes moraux. Et depuis, les humains ont dû contrôler leurs sentiments de façon à se conformer aux normes sociales de leur époque. Aujourd'hui, une cohorte de psychologues et de thérapeutes aident ceux qui cherchent à guérir de leurs inhibitions.

La thérapie par la parole et de nombreuses autres approches de la psychologie moderne nous encouragent aujourd'hui à exprimer nos émotions. Afin de pouvoir se comporter conformément aux normes de la société actuelle, il est préférable d'exprimer ses émotions plutôt que de les réprimer. Mais seulement jusqu'à un certain point. Au-delà, dans la culture matérialiste occidentale, le corps médical a pris le relais et ses grands prêtres, les psychiatres - à l'origine psychiatre veut dire *médecin de l'âme, de la psyché* - font totalement confiance aux médicaments pour contrôler les états émotionnels instables et les tendances à l'autodestruction. Ils ont largement échoué dans leur mission de guérir la psyché ou les souffrances de l'âme. La majorité d'entre nous souffre de névroses et nous n'avons jamais vu auparavant autant de personnes prendre des médicaments pour guérir de leurs névroses. Parmi les substances que nous pouvons nous procurer librement, l'alcool et les drogues douces restent les choix de prédilection des personnes qui présentent des troubles de l'humeur. La télévision et les divertissements proposés par les médias viennent juste après.

Les personnes religieuses et spirituelles qui ont cherché à se libérer complètement des exigences tyranniques du corps vital, dans les monastères ou les ermitages, ont adopté l'approche de la privation du corps vital. À moins de faire une longue retraite, nous ne pouvons imaginer ce que cela implique ou le rôle dominant que le corps vital et ses désirs tiennent dans notre vie.

Familiarisez-vous avec cette approche spirituelle en éteignant la télévision, en débranchant le téléphone et l'ordinateur, en observant le silence, en jeûnant et en évitant toutes formes de distractions pendant plusieurs jours, chez vous ou de préférence dans un lieu loin de chez vous. Le corps vital va constamment chercher des distractions. Si elles ne sont pas satisfaites, vous serez gagnés par l'apathie et l'ennui. Mais cette approche peut vous transformer complètement.

Par la méditation, les chercheurs spirituels apprennent à canaliser leur énergie vitale dans une nouvelle perspective, celle du Témoin de la vie. Ils apprennent à ralentir, cultivent le calme et finalement à se purifier des désirs et des comportements habituels. C'est un long processus et peu font preuve de persévérance ou sont même enclins à laisser de côté leurs habitudes, ne serait-ce que pour quelques jours ou quelques semaines.

La maîtrise des désirs du vital

Aujourd'hui, les choses n'ont pas changé, nous devons faire face aux mêmes défis et aux mêmes résistances, aux changements de la nature humaine, mais nous n'avons plus besoin de nous isoler du monde pour arriver à maîtriser les désirs du corps vital. Tout le savoir, les techniques et la sagesse spirituelle nécessaires pour nous purifier de notre égoïsme et de nos désirs sont accessibles dans les livres ou sont même disponibles sur internet.

Mais la majorité d'entre nous est encore sous la coupe des religions organisées, qui malheureusement essayent toujours de nous contrôler en inculquant la peur de la damnation éternelle ou de la rétribution karmique. Comme nous l'avons constaté précédemment, la religion s'attache aux formes extérieures telles que les personnalités, les symboles, les systèmes de croyances, les cérémonies, l'architecture, etc. L'Esprit est sans forme. Alors comment peut-on entrer en communication avec lui ? Comment peut-il être compris ?

Nous devons le chercher en nous-mêmes et apprendre à calmer le grondement du mental et du vital. Les choses de l'Esprit ne peuvent être acquises en dehors de nous-mêmes. Le spirituel est toujours en nous, il existe sous la forme d'une félicité éternelle. Mais nous l'ignorons en raison des distractions et des désirs créés par notre corps vital. La spiritualité n'a rien à voir avec le fait d'acquérir des choses extérieures. Il s'agit de lâcher prise par rapport à ce que nous ne sommes pas et être Celui que nous sommes véritablement.

Ce qui manque souvent aux chercheurs spirituels, c'est de comprendre qu'ils arriveront à un bien-être spirituel et émotionnel, uniquement s'ils parviennent à contrôler et dominer à tout moment, et en dépit des agitations de leur vie ambiante, les pulsions du vital et des fantasmes mentaux. Nous ignorons cela, ce qui est dû non seulement aux religions comme nous l'avons vu plus haut, mais aussi au « matérialisme spirituel » de notre époque où la spiritualité est confondue avec les expériences psychiques ou visionnaires, les pouvoirs, les canalisations d'entités désincarnées ou d'autres expériences sensationnelles ou bien le fait de se sentir particulier ou de faire des expériences particulières.

Mais *c'est seulement lorsque vous acceptez de n'être personne de particulier et de ne pas vouloir expérimenter quelque chose de particulier*, qu'à ce moment, vous commencez à avancer sur le chemin spirituel. Car tant que vous voulez être différent, vous vous mettez à l'écart des autres. Et quand vous parvenez à l'unité universelle sur le plan spirituel, vous n'êtes plus séparé ni différent. Ce n'est que l'ego qui aspire à être à part. Et par conséquent, ce n'est pas en trouvant quelqu'un de particulier, même s'il est très élevé spirituellement, que vous allez guérir de vos névroses.

Lorsque nous approchons de notre chemin spirituel avec maturité et de manière intégrale, nous travaillons à changer le corps vital en apaisant ses manifestations, en devenant conscients de son jeu et de toutes ses fluctuations. Nous pouvons alors utiliser la raison pour l'assouvir et finalement utiliser son énergie vers la réalisation de la Vérité, du Bon et du Merveilleux. Notre discipline devient un instrument pur et parfait de l'Esprit, si nous percevons ce qui nous attend. En s'armant de patience, en faisant preuve de persévérance et d'une volonté indomptable de ne pas abandonner, le chercheur spirituel s'astreindra à la discipline ou la sadhana suivante :

1. Observez minutieusement ce que vous ressentez intérieurement, en étant attentif à vos pulsions, vos sentiments et vos émotions, et identifiez avec attention ce que le vital cherche à obtenir par l'action ou la réaction suggérée. Observez et discernez, dans toute leur nudité et sans artifice, les sentiments de désir, de peur, d'orgueil, de dépression, de possessivité, d'avidité, de désespoir et le besoin de contrôler.
2. Gardez ce mantra « ne pas le manifester par une action » en prenant la ferme résolution que *jusqu'à ce que vous retrouviez le calme dans votre*

esprit et dans votre cœur et votre liberté intérieure, vous n'obéirez pas à ce que votre corps vital vous dicte. Répétez « je ne le ferai pas ». Même un succès partiel rajoutera un pavé sur la route vers la victoire finale.

3. Développez le Témoin conscient, en toutes circonstances. En cultivant le détachement, en cessant de s'identifier aux pensées, aux émotions, aux désirs, aux pulsions qui généralement absorbent votre conscience en vous faisant rêver les yeux ouverts.

4. Raisonnez avec le vital en gardant à l'esprit votre but de vous réaliser spirituellement et d'être serein. Dites-lui : « Tu es en train de perdre ton contrôle et ta Félicité pour une passion éphémère, un plaisir vain et sans valeur ou une satisfaction au moment présent qui déjà s'envole. Pourquoi faire une montagne de pas grand-chose ? »

5. Exercez votre volonté en vous lançant des défis afin de déstabiliser votre équilibre émotionnel, progressivement, donnez-vous des défis plus difficiles. Afin de développer votre volonté : (a) développez une discrimination claire, l'aptitude à détecter et à reconnaître les désirs et les pulsions du vital ; (b) soyez convaincu de la nécessité de développer une vie spirituelle en étudiant des textes classiques de la spiritualité et en réfléchissant sur les vérités dictées par ces textes ; (c) cultivez dans votre cœur un amour constant et intense pour le Divin, sous la forme que vous désirez ou comme la Vérité, la Bonté ou la Conscience elle-même ; (d) aspirez à constamment progresser et vous perfectionner dans votre maîtrise du corps vital.

6. Lors de vos méditations tout d'abord, puis dans votre vie courante, efforcez-vous de dépasser l'esprit pour atteindre le psychisme ou l'âme et invoquez son pouvoir et sa lumière afin qu'ils transforment les fluctuations du vital. Pour vous aider, soyez le témoin du mental, puis transcendez-le et enfin rendez-le silencieux. Le corps vital tente toujours d'asservir l'esprit, c'est pour cela que vous devez aller au-delà et vous placer dans la perspective de la conscience Témoin pure, calmer le tumulte des fluctuations du vital. Dans le silence, une intelligence supérieure agira à travers vous, vous donnant des instructions claires et un pouvoir merveilleux.

7. Faites appel à cette force de vie lumineuse en vous, qu'elle remplace le désir qui émane du vital. C'est un Pouvoir Divin rayonnant, empreint de paix, de force et de félicité, donnez-lui la possibilité de se manifester dans votre vie courante.
8. Et enfin, ce qui doit accompagner toutes les étapes précédentes : envoyez constamment au Divin une prière sincère venant de votre cœur, demandez à la Grâce de maîtriser et neutraliser les pulsions du vital qui vous perturbent. Rien ne résiste à la puissance de cette Grâce et si votre prière est exprimée sincèrement, ne doutez pas de son efficacité. Le vital ne peut résister à cette force.

Pourquoi transformer le vital ?

Votre âme aspire, votre ego désire.

Votre âme aspire à la Vérité, au Bon, au Merveilleux qui sont au cœur de la dimension spirituelle de notre être, si vous êtes capable de le voir sous cet angle, potentiellement dans chaque relation, chaque expérience. L'âme aspire à voir l'Unique qui se distingue de la multitude. L'âme aspire à se libérer de ce que l'ego lui dicte : « j'ai besoin … je veux … pauvre de moi… j'ai peur ». L'âme aspire à l'union avec la Réalité fondamentale sous-jacente à tout ce que l'esprit sépare et divise.

Le vital est sous l'emprise de l'ego, mais l'ego ne mène nulle part. Tant que le vital n'interrompt pas cette allégeance et n'aspire pas totalement à la réalisation de la Vérité, du Bon et du Merveilleux et de l'Unique, il continuera à engendrer des désirs, des obstacles et beaucoup de souffrance comme nous l'avons vu précédemment. Notre nature humaine est programmée pour cela. Comme l'a dit Sri Aurobindo, « une révolution est nécessaire dans la nature humaine ».

Nous pouvons voir non seulement le besoin d'un changement radical, mais aussi le potentiel de changement. Pour cela, cependant, nous devons discerner les pulsions et les mouvements du désir, ne pas les laisser vivre dans l'imagination ni les extérioriser. Que le désir implique une attraction ou une aversion, l'avidité, la convoitise, l'ennui, la peur, que vous obteniez ou non ce que vous voulez, tous les désirs sont des pièges de l'ego et causent de la souffrance. Ils vous ramènent à votre « petit moi » à qui il manque quelque chose et qui par conséquent souffre.

Nous ne pouvons pas trouver de bonheur durable dans les choses qui ne le sont pas. C'est en appréciant chaque moment que nous trouverons le bonheur durable, car notre âme se délecte en étant le Témoin qui est pure conscience. À ce moment, notre âme nous guidera et fera descendre en nous un pouvoir et une conscience plus élevés. Plus nous réduisons l'influence du corps vital, plus nous sentons la réalité de notre âme, ou notre être psychique, qui nous guide. Cela se produit ici et maintenant à chaque instant et à chaque fois que nous sommes à même de voir les choses plus en profondeur, nous distinguons l'Unique parmi la multitude. Tout un monde de possibilités infinies s'ouvre à nous où nous sommes libérés de nos désirs. La réalisation spirituelle n'est plus le but, mais le point de départ vers une transformation complète de notre nature humaine à tous les niveaux.

Nous sommes un travail en cours. Nous progressons à chaque instant et nous ne succombons plus aux vieilles habitudes de notre nature humaine. De grandes âmes comme Jésus, Bouddha, Ramakrishna, Gandhi, Babaji et Sri Aurobindo nous ont montré le chemin vers la réalisation de Dieu et ont atteint la perfection humaine. Que leur exemple et leurs paroles nous guident et nous inspirent tous dans notre aspiration à réaliser le Divin.

ॐ CHAPITRE 4 ॐ

Équanimité : demeurer calme durant les perturbations de la vie

Le premier et dernier but d'un yoga qui inclut les cinq plans de l'existence est l'équanimité. L'équanimité signifie demeurer calme ou avoir un tempérament égal devant toutes sources de perturbations. Peu importe si la vie vous apporte ce que vous voulez ou pas ; le succès ou l'échec ; l'éloge ou le blâme ; le plaisir ou la douleur ; le travail ou le loisir ; le soutien ou l'opposition, en effet, toutes les dualités dans la vie. Comme a dit Ramana Maharshi lorsqu'on lui a demandé de décrire son état d'illumination : « Maintenant, plus rien ne peut me déranger. » Peut-être que l'auteur de la question s'attendait à une description de la sixième dimension intergalactique au-delà du temps et de l'espace ! Cette description de l'illumination est ma préférée parce qu'elle est si terre-à-terre et nous instruit sur ce que chacun de nous doit faire devant les défis de la vie.

De nos jours, le terme illumination est incompris et souvent utilisé de façon abusive. L'illumination est un état stable et permanent de la réalisation du Soi.

Elle est donc limitée à la dimension spirituelle de notre nature humaine. Mais l'illumination dans un mental ou un corps malade n'est pas la perfection. Jésus réprimandait ses disciples « Soyez donc parfaits ! » (Mathieu 5:48) Le *siddhi* ou (perfection) est le but et le principe phare du *Siddhantham* (les enseignements des Siddhas du Yoga). C'est ce qui distingue un yoga intégral comme le Kriya Yoga de Babaji de la plupart des traditions qui mettent trop souvent l'accent seulement sur la dimension spirituelle de la vie et dont les objectifs n'incluent pas la transformation physique, vitale et mentale de notre nature humaine.

Au début de votre exploration du yoga, lorsque le calme n'est peut-être pas votre premier but, vous pouvez très facilement vous laisser emporter par la recherche de ce que l'on appelle les expériences spirituelles, la bonne condition physique, la perte de poids, la signification existentielle ou la réduction du stress. Bien que de tels buts soient importants en soi, sans le calme, aucun d'eux ne durera étant donné le conditionnement et l'énorme influence des corps vital et mental. De plus, trop souvent, les livres et les enseignants mettent l'accent sur l'aspect miraculeux, ou sur les notions romantiques à propos du chemin spirituel, et lorsque votre propre pratique ne produit pas de telles expériences, vous pouvez ressentir du découragement, du doute et même du cynisme. Ainsi, il est de la plus haute importance que vous, étudiant ou *sadhaka* (étudiant) du yoga, compreniez pourquoi l'équanimité doit être votre premier but et comment l'atteindre.

À moins de vous séparer du monde dans un mode de vie ascétique, vous ne pouvez compter sur le détachement seulement pour résoudre le problème de la souffrance existentielle. Il ne suffit pas d'endurer stoïquement ou avec une déception résignée les difficultés de la vie. L'équanimité ne veut pas dire de demeurer dans un état d'ignorance abrutissante ou de complète indifférence non plus.

La vraie équanimité est un état élevé dans lequel vous devenez conscient de l'unité de tout, et cet état est plein de pouvoir. Vous pouvez le posséder pleinement seulement lorsque vous atteindrez l'expérience concrète de la Présence de Celui qui est derrière tout dans la manifestation. Pendant que vous cheminez vers ce but, vous devez abandonner la perspective de l'ego qui se sent séparé, ainsi que tous les désirs, sa progéniture. Mais il n'est pas nécessaire de purifier tous les désirs et d'être sans ego pour atteindre l'équanimité ni d'établir l'équanimité et le calme avant d'atteindre le non-désir et la libération de la perspective de l'ego : « je suis le corps, je suis le mental, je suis les émotions ». Ces processus pour développer le calme et la purification du désir doivent avancer ensemble, car ils sont intimement interdépendants.

Le yoga classique est basé sur le *Samkhya* (un des six systèmes ou darshans de la philosophie indienne), qui reconnaît que l'on est influencé par les trois *gunas* (les qualités ou modes de la Nature) : *tamas* (l'inertie, le doute et la fatigue), *rajas* (l'agitation et le désir) et *sattva* (l'équilibre, la sérénité et la compréhension). Toutes les pratiques du yoga peuvent être utilisées pour diminuer l'influence de tamas et de rajas et augmenter celle de sattva. C'est le but principal de pratiquer le yoga.

Bien que sattva représente l'étape de calme initiale, son acquisition ne peut être complètement établie avec siddhi (perfection), qu'avec l'application d'une *sadhana* rigoureuse sur une longue période de temps, et ce, par étape. C'est parce que même un calme sattvique demeure vulnérable face aux circonstances d'événements stressants. C'est pour cela que les *Sûtras du Yoga* et le tantra nous aident à transcender les trois gunas.

> Alors les gunas terminent leur séquence de transformations, car elles ont réalisé leur but.
>
> — Patanjali (***Les Sûtras du Yoga***, IV.32)

> Sattva est la Guna de l'état de Veille,
>
> Rajas de l'état de Rêve,
>
> Tamas de l'état de Sommeil Profond,
>
> Nirguna, qui détruit les trois autres Gunas
>
> — Tirumular (***Tirumandiram***, verset 2296)

> Ainsi l'état suprême de la liberté Absolue se manifeste pendant que les qualités (gunas) se réabsorbent dans la Nature, n'ayant plus le but de servir le Soi. Ou

> sous un autre angle, le pouvoir de la conscience pure s'installe dans sa pure et propre Nature.
>
> — Patanjali (***Les Sûtras du Yoga***, IV.34 ; le verset final des ***Sûtras du Yoga***)

Comme mentionné, la pleine possession de la vraie équanimité doit passer par plusieurs étapes, parce que même pour un yogi accompli, le calme sattvique est très vulnérable aux bouleversements de la vie, sans oublier la fatigue quotidienne, l'ennui, l'excitation et la peur sous toutes ses formes qu'entraînent tamas et rajas. Il est important de reconnaître ces étapes :

- Il faut se souvenir de demeurer calme même lors d'événements ou de circonstances dérangeantes avec le sentiment qu'un pouvoir de concentration intérieur vous maintient toujours stable.
- Observez-les, libérés des distorsions créées par vos sentiments personnels. Tentez de comprendre ce qui se cache derrière eux ; pourquoi cela se produit ; ce qu'ils peuvent vous apprendre ; ce qui réagit en vous face à eux et le progrès que vous pouvez faire en maîtrisant votre réaction.
- Ne parlez pas et n'agissez pas sous l'impulsion des mouvements du vital, mais seulement à partir d'une assurance et d'un calme intérieur après réflexion, en considérant tout le monde et tous les événements sans préjugés. Car cela sert un but Divin : l'édification et la purification de votre âme, la perfection de votre nature humaine, siddhi.

Trois principes pour développer l'équanimité

Pour développer l'équanimité, vous pouvez appliquer les trois principes de la nature humaine : le pouvoir de la volonté, l'intelligence et l'amour dévotionnel.

L'équanimité par l'application du pouvoir de la volonté. Ici le *mantra* est « *persévérance, persévérance, persévérance* ». Ne manifestez pas extérieurement une action ou une parole, soit toute impulsion mentale ou émotionnelle suggérée par votre ego. De votre source profonde intérieure de pouvoir et de force, observez de telles impulsions en vous en faisant l'effort de contrôler leur manifestation extérieure. Pour son soutien, appelez en vous la force Divine avec la prière et l'aspiration. C'est la personne faible qui ne peut retenir les impulsions de l'ego.

Rappelez-vous que les émotions ne sont pas comme la météo ! Vous avez le pouvoir de les contrôler et de les laisser aller ! Le voulez-vous ? Quand ?

L'équanimité par le raisonnement intelligent et la discrimination. Pourquoi faire une montagne de rien ? Pourquoi sacrifier la paix et le calme pour la satisfaction d'une émotion négative ? Voyez les choses de la perspective de l'éternité, *être ici maintenant*, et *vettaveli* (vaste étendue lumineuse). Prenez du recul et adoptez la perspective du Témoin. Distinguez la source de joie de la source de souffrance ; le transitoire du permanent ; l'ego avec ses préférences du vrai Soi et son équanimité.

L'équanimité par l'amour dévotionnel. Cette méthode prend son énergie de l'amour et s'applique par le Bhakti Yoga. Le mantra est « Ta volonté sera faite et non la mienne ». Cela repose sur l'acceptation que ce qui arrive est soutenu et voulu par le Divin et que cela sert un but. Vous vous soumettez à tout ce qui est. Par conséquent, vous lâchez prise sur vos préférences personnelles et vos désirs. Ceux-ci sont remplacés par l'aspiration pour le Divin lui-même. Cela ne tue pas votre nature émotionnelle, mais la transforme, pour qu'elle soit habitée par la vision de la Vérité, l'Amour, la Bonté, la Beauté. L'amour s'étend pour tout inclure. Cherchez à aligner votre volonté à celle du Divin, pas seulement le temps d'une courte prière quotidienne, mais continuellement. Aspirez à devenir l'instrument parfait du Divin.

Quelques méthodes pratiques pour développer le calme

Les *Sûtras du Yoga* de Patanjali et la littérature tantrique des Siddhas comme le *Tirumandiram*, contiennent plusieurs façons pratiques de développer le calme. Par exemple, les douze versets du premier chapitre des *Sûtras du Yoga* présentent des méthodes à commencer par le verset I.28.

Voici des exemples :

> La pratique de la concentration sur un seul sujet est la meilleure façon d'éviter [les obstacles et leurs accompagnements.]

> En cultivant les attitudes d'amitié envers ceux qui sont heureux, de compassion pour ceux qui sont malheureux, de joie pour les vertueux et d'équanimité pour les non vertueux, la conscience garde son calme impassible.
>
> — Patanjali (***Les Sûtras du Yoga***, I.32 – 33)

Les « obstacles et leurs accompagnements » se réfèrent à ceux énumérés dans les deux versets précédents :

> La maladie, l'ennui, le doute, la négligence, la paresse, la complaisance dans les sens, la fausse perception, l'incapacité à trouver sa voie et l'instabilité – ces distractions de la conscience sont des obstacles.
> Les accompagnements de [ces] distractions sont les tremblements dans le corps, l'inspiration irrégulière [du souffle], la dépression et l'anxiété.
>
> — Patanjali (***Les Sûtras du Yoga***, I.30 – 31)

Parce que nos relations sociales sont souvent une source majeure de perturbation, les versets cités ci-dessus peuvent servir de guide pratique.

> Ou [ce calme impassible de la conscience est atteint] par l'expiration [attentive] et la rétention du souffle.
>
> — Patanjali (***Les Sûtras du Yoga***, I.34)

Tous les états psychologiques ont un rythme respiratoire correspondant. La respiration lente et consciente provoque un mental calme.

> Ou la stabilité du mental est obtenue par l'attention cognitive fixée sur le domaine des sens.
>
> — Patanjali (***Les Sûtras du Yoga***, I.35)

Plusieurs des 144 Kriyas appris durant les trois niveaux d'initiation dans le Kriya Yoga de Babaji impliquent la concentration avec les cinq sens subtils, qui ne sont habituellement qu'en fonction durant le rêve éveillé ou lors du sommeil.

> Ou [en se concentrant] sur la lumière suprême infiniment merveilleuse, on [abandonne toute souffrance et l'on fait l'expérience de la lucidité].
> Ou [ce calme impassible du mental est atteint quand] la conscience [est dirigée vers l'esprit de ces grandes âmes] qui ont vaincu l'attachement.
> Ou ce calme inaltéré du mental est alimenté par la connaissance qui émerge dans les rêves et le sommeil.
> Ou par le sujet de méditation [choisissant n'importe lequel] selon son désir.

> [Progressivement] notre maîtrise [de la concentration] s'étend de [l'atome le plus infime] à la plus grande magnitude.
>
> — Patanjali (***Les Sûtras du Yoga***, I.36 – 40)

Les versets ci-dessus proviennent de mon livre *Les Sûtras du Kriya Yoga de Patanjali et des Siddhas*. Vous trouverez un intérêt à étudier les commentaires et à appliquer les pratiques et les Kriyas suggérés à la suite de chacun des versets de cette publication.

L'application de toutes les pratiques et les principes du Kriya Yoga de Babaji vous soutiendra pour atteindre le premier et le dernier but, l'équanimité. Soyez calmement actif et activement calme. En faisant de l'équanimité votre véhicule et votre destination, le Divin Lui-même prend en charge la sadhana. Vous pouvez et vous allez expérimenter le pouvoir de Cela qui guide chacune de vos actions, avec calme et aisance.

ॐ CHAPITRE 5 ॐ

Les blocages et le chakra du cœur

Avez-vous remarqué que votre mental a souvent tendance à retourner vers des mémoires ou des sentiments en particulier ? Ils peuvent être reliés à des personnes avec qui vous avez des problèmes non résolus, ou ils peuvent être associés à des expériences très agréables de votre passé, qui concernent, par exemple, la nourriture, le sexe ou une victoire dans un sport de compétition. Ils peuvent aussi être reliés à des expériences difficiles que vous avez peur de répéter : être attaqué physiquement, un divorce, une situation embarrassante, le rejet par quelqu'un que vous aimez. Vous êtes-vous demandé pourquoi ?

Dans la littérature classique du yoga et du tantra, ceci est appelé *vasanas* (tendances), et dans les discussions modernes sur le corps-esprit, nous les qualifions généralement de *blocages*.

Tous les jours, des milliers de choses sont expérimentées par l'un ou plusieurs des cinq sens. La plupart d'entre elles passent au travers de vous, et vous n'y pensez même pas. Par contre, certaines d'entre elles provoquent un enchaînement de pensées et d'émotions qui sont reliées aux mémoires et aux blocages, tous les deux sont problématiques et impliquent un plaisir extraordinaire. Les expériences qui restent coincées, qui forment des blocages, sont celles auxquelles nous nous accrochons.

Par exemple, dans votre travail, vous accomplissez des tâches routinières qui vous sont familières, mais parfois, vous rencontrez un problème inhabituel. Vous demandez conseil à votre patron, car vous ne trouvez pas de solution par vous-même. Il vous répond « je suis trop occupé pour vous aider ». Plus tard, vous observez votre mental qui ressasse sa réaction et vous ressentez de la frustration et des doutes quant à vos compétences. Vous mettez ce problème de côté. Six mois plus tard, un nouveau problème survient. Lorsque vous pensez demander de l'aide à votre patron, vous décidez de ne pas le faire, car vous vous remémorez sa réponse quand vous l'avez fait la dernière fois. Alors, vous évitez de le solliciter, lorsque vous avez des problèmes à résoudre. Des sentiments de rancœur à l'égard de votre patron s'accroissent. Des sentiments de frustration augmentent. Des doutes quant à votre propre compétence grandissent.

S'accrocher veut dire *je ne veux pas que celui-ci s'en aille.* Ce qui s'est produit était si plaisant et je me suis senti si bien que je ne veux pas que cela disparaisse. Par exemple, vous apprenez que vous aurez une promotion et une importante augmentation de salaire. Vous commencez à rêver que votre vie s'améliorera. Vous construisez des châteaux en Espagne. Ou bien, il peut s'agir de quelque chose que vous appréhendez, par exemple, après avoir investi temps, argent et énergie dans un projet, vous perdez votre investissement. Alors, vous continuez à vous inquiéter. Paradoxalement, vous vous accrochez à ce qui cause la souffrance incluant les sentiments de colère, de tristesse ou de rancœur croyant bêtement que, si vous demeurez avec ces sentiments assez longtemps, ils se transformeront en une forme de bonheur. Vous leur permettez de demeurer en vous et ainsi renforcer les blocages du passé plutôt que de faire un petit effort délibéré et immédiat pour lâcher prise.

Les blocages sont une accumulation d'énergie autour d'expériences non résolues. Ils peuvent se manifester sous forme de peurs à propos des choses envers lesquelles nous sommes hostiles, de ce que nous trouvons difficile, voire même douloureux, et sous forme de fantasmes à propos de désirs et d'attachements que nous considérons comme plaisants. Ils sont un sous-produit de la perspective égoïste qui dit « je suis le corps… je suis mes mémoires… je suis mes émotions et sentiments ». Cela reflète la confusion du mental créée par l'égoïsme : que le bonheur ou le malheur se trouve « à l'extérieur », dans les choses auxquelles nous sommes attachées ou que nous avons en aversion. Le fleuve de la vie amène des millions d'expériences pour chacun de nous, mais l'égoïsme, l'habitude de s'identifier à ce que nous ne sommes pas, fait en sorte que la conscience se contracte autour de certaines d'entre elles et s'y agrippe. Nous préférons nous y accrocher plutôt que de les laisser passer avec tout le reste sur le chemin vers l'océan infini de notre Être.

Au fur et à mesure que nous avançons dans la vie, nous construisons des milliers de blocages. Ils finissent par fusionner pour former des *samskaras* (habitudes), qui ensuite contrôlent notre comportement et forment notre karma. Par conséquent, nos énergies bougent de façon assez prévisible en cherchant les mêmes objets de désir, évitant les mêmes limites au-delà de notre zone de confort, et réagissant émotivement aux situations plutôt que consciemment.

Plus que tout, la pratique du yoga est un processus qui élimine ces blocages. Dans ce processus de purification, nous commençons à les remarquer durant la méditation et, par la suite, en les notant dans notre journal de méditation. Le fait d'enregistrer nos méditations dans un journal offre la possibilité de transformer une expérience subjective comme, « je m'inquiète à propos de X », en une expérience objective, lorsque mis sur papier et observé de la perspective de notre vrai Soi, le Témoin. L'élimination de ces blocages se produit en temps réel lorsque nous faisons l'effort de lâcher prise sur eux et nous cessons de nous inquiéter, de fantasmer et de ressasser le passé – nous les laissons passer.

C'est un processus de chaque instant qui demande du discernement et de l'effort. Le discernement est l'action de reconnaître ce qui est permanent de ce qui est impermanent, ce qui est source de joie de ce qui est source de souffrance. C'est l'ego qui pense « j'ai… j'ai besoin… je veux… j'ai peur », mais notre âme est le Témoin intérieur. Dans un état continuel de joie inconditionnelle, elle n'a pas de préférences. Elle ne manque de rien.

Ce processus n'exclut pas de changer les choses « à l'extérieur ». Lorsqu'une action est requise, nous nous occupons des situations et des problèmes habilement. Après tout, le yoga est l'habileté en action. Nous demeurons centrés. Nous recherchons le conseil intuitif. Nous agissons consciemment, sans préférences de l'ego. Nous parlons seulement après réflexion, de ce qui est nécessaire et de ce qui aide. Ce chemin de purification, de « travail sur nous-mêmes », concerne les vasanas (tendances), qui contraignent notre mental à s'inquiéter ou à fantasmer même après que nous nous soyons occupés des événements et de leurs problèmes.

L'ego fait l'erreur de chercher le bonheur en imaginant le résultat dont il a besoin pour être heureux. Lorsque la vie ne nous offre pas cela, l'ego fait de gros efforts pour changer ce qui est à l'extérieur, jusqu'à ce que les choses changent ou que l'ego abandonne dans la frustration et la dépression.

Au contraire, en tant que karma yogis, nous réalisons que nous pouvons choisir de ne pas nous accrocher aux sources habituelles de plaisirs ou d'inquiétudes. Nous gardons notre attention à l'intérieur sur les mouvements du mental et du corps vital, sur les désirs et les émotions, et sur les préférences et les aversions, et ensuite nous choisissons de « lâcher prise » sur eux. Nous cherchons le moyen de rester calme et équanime, comme le Témoin. Ce faisant, nous trouvons une joie immense dans le moment présent. La réalisation du Soi est le moyen et l'objectif du yogi. Face aux événements, nous demeurons « calmement actifs et activement calmes ». En tant que karma yogis, nous accomplissons notre devoir, détachés des résultats, sachant que nous ne sommes pas celui qui fait. Nous sommes les observateurs tournés vers et abandonnés au Seigneur, qui fait tout par l'entremise de Shakti, Mère Nature et la nature humaine.

La pratique régulière de la première technique apprise dans le Kriya Yoga de Babaji est le moyen principal de faire le ménage de nos vasanas. C'est la méthode recommandée par Patanjali qui implique vairagya (perfectionnement du détachement).

Le flot d'énergie et le chakra du cœur

Toutes expériences provoquent un mouvement d'énergie en nous. Nos centres énergétiques, les chakras, leur répondent. Lorsqu'ils sont ouverts, les expériences circulent en nous et notre conscience atteint une vibration supérieure où la joie, l'amour, la beauté et la vérité sont réalisés – là où nous pouvons vraiment être nous-mêmes. Lorsque les chakras sont fermés, notre conscience se contracte autour de l'expérience, et nous restons pris dans les dualités de la vie : acquisition et perte, bonheur et tristesse, renommée et honte.

Le plus important des chakras est *anahata* (centre du cœur) au milieu de la poitrine. Remarquez ce que vous ressentez dans cette région lorsque vous ressentez l'amour, la force, l'inspiration, la confiance. Et ce que vous ressentez lorsque vous éprouvez de la douleur, du découragement et de la faiblesse. Il peut s'ouvrir et se fermer très rapidement. Lorsqu'il le fait, le flot d'énergie change et les émotions dans votre corps vital changent aussi. Vous pouvez éprouver beaucoup d'amour pour votre partenaire, mais s'il dit quelque chose de blessant, votre cœur se ferme. Pourquoi ? C'est à cause des vasanas non résolus décrits plus haut. Les schémas énergétiques associés aux expériences de vos cinq sens entrent en vous et sont bloqués par les schémas énergétiques non résolus de votre passé. Cela est peut-être la énième fois que votre partenaire « appuie sur vos boutons », et vous réagissez toujours parce que vous n'avez pas éliminé ce bouton.

Que se passerait-il si rien de votre passé n'était entreposé en vous ? Que se passerait-il si vous étiez comme le sage Ramana Maharshi qui a répondu lorsqu'on lui a demandé de décrire l'illumination : « Maintenant, plus rien ne peut me déranger. » C'est comme marcher dans la rue tout en observant le paysage. Tout ce que vous expérimentez passe au travers de vous, laissant une impression momentanée sans laisser de traces sur l'être conscient que vous êtes. C'est la façon optimum pour votre nature de fonctionner, qui vous permet de vivre dans le moment présent dans l'amour, l'apprentissage, l'expansion et la croissance.

C'est votre choix : vous pouvez essayer de changer ce qui est à l'extérieur afin que vos blocages ne soient pas dérangés et que personne n'appuie sur vos boutons, ou vous pouvez devenir un yogi sage et passer au travers de ce processus de purification. Plutôt que d'agir et prendre des décisions basées sur les blocages qui ont été dérangés, trouvez votre centre et observez tout simplement les mouvements du mental et du vital s'élever et descendre. Prenez place au plus profond de vous-même et laissez-les se dissoudre dans l'océan de votre être. Aspirez à l'état d'être le plus élevé que vous puissiez imaginer et concentrez-vous dessus. Votre cœur s'ouvrira, et ce que vous *n'êtes pas* se dissoudra.

ॐ CHAPITRE 6 ॐ

Qu'est-ce que la réalité et comment les désirs déforment la perception de celle-ci ?

De récentes découvertes scientifiques ont révélé une certitude concernant l'éternelle question « Qu'est-ce que la réalité ? » Cette certitude est que la science n'a pas une bonne emprise sur la réalité. Deux des meilleurs modèles de la réalité physique, soient la théorie de la relativité et la mécanique quantique, semblent être fondamentalement incompatibles.

Ce point est renforcé dans un article du magazine *Nature* (18 avril 2007)[1]. L'article démontre des résultats qui prouvent que la mécanique quantique

1 Gröblacher, S., Paterek, T., Kaltenbaek, R., Brukner, C., Zukowski, M., Aspelmeyer, M., and Zeilinger, A. (2007). An experimental test of non-local realism. Nature, 446, 871 – 875. doi:10.1038/nature05677

Il y a une explication et un sommaire de l'article ici : Ball, P. (2007). Physicists bid farewell to reality? Quan tum mechanics just got even stranger. Published online 18 April 2007. Nature, doi:10.1038/news070416-9 décrit le comportement d'un système appelé le *réalisme local.* Le réalisme local peut être compris assez facilement : les propriétés des particules peuvent être complètement décrites et ces propriétés demeurent localisées, signifiant que ces propriétés ne peuvent pas être transmises à un emplacement différent plus rapidement que la vitesse de la lumière. Ceci peut s'exprimer plus simplement en ces termes : les choses sont comme elles sont, juste ici.

Cependant, si l'on prend en considération un processus connu sous le nom *d'intrication* dans lequel des particules se comportent conformément à d'autres particules intriquées qui, elles, peuvent être à l'autre bout du monde, vous avez un problème. La réalité locale n'est ni locale… ni réelle.

En mécanique quantique, le principe d'incertitude de Heisenberg énonce une limite fondamentale sur l'exactitude avec laquelle certaines paires de propriétés physiques d'une particule, telles que la position et l'impulsion, peuvent être simultanément connues. En termes plus simples, plus une propriété est mesurée avec précision, moins l'autre sera connue ou contrôlée. Ainsi, Werner Heisenberg a fait valoir en 1927 que chaque mesure détruit une partie de notre connaissance du système qui avait été obtenue précédemment par des mesures. En d'autres termes, l'expérience est influencée par l'observateur.

Au cours des dernières décennies, les théoriciens de la mécanique quantique ont décrit l'intrication. Deux particules subatomiques intriquées, qui peuvent inclure des photons se déplaçant à la vitesse de la lumière, ont des propriétés qui sont liées. La mesure des propriétés d'un de ces éléments changera immédiatement l'état indéterminé du deuxième élément à un état déterminé par son enchevêtrement avec l'autre. Étant donné que les éléments intriqués peuvent être éloignés l'un de l'autre quand ceci se produit, le transfert des propriétés semble avoir lieu plus rapidement que la vitesse de la lumière.

Cela fut mal accueilli par de nombreux physiciens y compris Albert Einstein, le père de la théorie de la relativité, qui a fait valoir qu'il y a des propriétés de la réalité sous-jacente que nous n'avons pas encore comprises. Certains physiciens ont essayé de compenser ce manque de compréhension en créant les modèles à *variables cachées,* dans lesquels il y a des propriétés de la réalité que nous ne savons pas mesurer.

C'est là que l'article dans le journal *Nature* entre en scène. Un ensemble de modèles plausibles nous a permis d'examiner le comportement des particules infinitésimales qui constituent notre univers. Les résultats confirment le phénomène quantique étrange de l'intrication, qu'Einstein appelait « une action effrayante à distance ». Les résultats exigent que l'on rejette l'idée d'une réalité locale.

Est-ce que cela veut dire qu'il est temps de renoncer à la réalité ? Les auteurs semblent le penser. Ils résument leurs résultats avec le point de vue que toute extension future d'une théorie quantique « … doit abandonner certaines caractéristiques des descriptions réalistes ».

Maintenant, la perspective des Siddhas du Yoga

Depuis l'Antiquité, les Siddhas du Yoga ont abordé cette question d'une perspective intérieure unique et leurs résultats documentés sont instructifs. Tandis que ceux-ci peuvent être caractérisés comme étant mystiques, ils ne sont pas moins inaccessibles que les équations mathématiques de la physique théorique. Nous devons dépasser les symboles écrits, qu'ils soient poétiques, paradoxaux, analogiques ou mathématiques, afin de découvrir pour soi-même la Vérité, l'Être et la Réalité sous-jacente (Sat).

Cette perspective unique a été décrite par le Siddha Tirumular :

> Pas le plus haut, ni ***Sadasiva***,
> Ni le sans forme, ni l'état de l'image ;
> Merveilleux comme l'expérience du plaisir de l'amour ;
> Il est immergé en (moi) au-delà de sa propre imagination.
> — Tirumular (***Tirumandiram***, verset 2943)

Tirumular pose la même question que les physiciens théoriques : comment peut-on décrire la Réalité Ultime ? Est-elle la plus élevée ? Est-ce *Sadasiva* (le Seigneur) ? Est-elle sans forme ou a-t-elle des propriétés ? Sa réponse concorde avec les conclusions de la physique théorique : elle est indescriptible.

Dans le prochain verset, Tirumular conclut et nous avertit avec une analogie :

> Ah, imbéciles, qui voient les choses avec les yeux physiques,
> Le vrai bonheur consiste à voir avec l'oeil intérieur ;
> Comment la mère peut-elle exprimer à sa fille
> Son plaisir avec son mari ?
> — Tirumular (***Tirumandiram***, verset 2944)

Tout comme l'expérience du plaisir de l'amour ne peut pas être décrite, il est impossible d'expliquer le bonheur d'éprouver la Réalité. Nous devrions nous immerger en elle, ou nous devrions ressentir quelque chose comme une expérience qui est au-delà de notre imagination.

> Tout comme le sel dans l'eau, le Seigneur est immergé.
> Comme ***parapara*** dans ***para*** sans aucune distinction ;
> L'implication cachée est fusionnée dans le (mot) ;
> Comment ? Comment ? C'est juste comme cela.
> — Tirumular (***Tirumandiram***, verset 2945)

Para fait référence à notre Soi supérieur ou suprême, qui est aussi distinct du corps, de l'esprit ou de la personnalité : notre âme. *Parapara* fait référence à l'Être Suprême. Les deux partagent une qualité essentielle : la conscience. Par contre, la conscience n'est pas un objet. Elle n'est pas non plus un épiphénomène (sous-produit de l'activité cérébrale) dépendant de l'existence d'un cerveau, comme certains matérialistes ont avancé. Toutes les créatures vivantes, même celles sans cerveau, démontrent une conscience. La conscience est le Sujet, celle qui est témoin, celle qui observe. Elle pénètre chaque chose, grande et petite ; par conséquent, elle défie toutes les tentatives des physiciens de la mesurer. Elle n'est pas une « chose ». Elle n'est pas « là-bas ». Elle est partout, à l'intérieur et à l'extérieur.

En soulevant la question « Comment ? Comment ? », Tirumular fait référence à la nature inexprimable et translinguistique du fusionnement de l'âme ou de la conscience individualisée avec le Seigneur, ou la Conscience Suprême.

La réponse ne peut pas être définie par des mots ou des symboles, mais en se tournant vers l'intérieur. Tirmular montre le chemin dans le verset suivant :

> Nandi (le Seigneur) était là au beau milieu de l'esprit ;
> Adoration et contemplation (de Dieu) ont cessé spontanément ;
> La lumière brillante qui surgit dans l'espace du milieu ;
> J'ai fusionné avec elle par ma sagesse (***jnana***).
> — Tirumular (***Tirumandiram***, verset 2947)

Puisque le Seigneur est fusionné en moi, dans ma conscience, et qu'il surgit dans « mon » esprit comme une lumière brillante, toutes les formalités (rituels) de culte et de contemplation ont cessé d'exister spontanément. Maintenant, dans cet état d'union, je n'ai plus de besoin de rituel, de Saintes Écritures ou de temples.

> En fusionnant, j'ai senti la présence de ***parapara*** ;
> En fusionnant, j'ai atteint ***Siva-gati*** ;
> En fusionnant, je suis devenu conscient de la conscience ;
> En fusionnant, j'ai été témoin de plusieurs milliers d'années.
> — Tirumular (***Tirumandiram***, verset 2953)

En fusionnant, j'ai pris conscience d'Être lui-même. En d'autres termes, j'ai atteint la perception non pas de ma conscience, mais de la conscience de l'Être qui devient conscient de lui-même en « moi ». Je suis devenu éternel. *Siva-gati* est la libération finale de la perspective égoïste ; *je suis le corps-esprit.*

Comment réaliser la « Réalité »

Typiquement, nos expériences sont presque toujours fortement influencées par nos désirs. Nous voyons ce que nous voulons voir et entendons ce que nous voulons entendre. Les politiciens savent ceci et ils manipulent leurs auditeurs en leur disant ce qu'ils veulent entendre. En science politique, cela s'appelle du populisme. Les « pickpockets » ne voient que des poches. Les fondamentalistes qui attendent la « fin du monde » apocalyptique interprètent les événements actuels dans le Moyen-Orient comme des indicateurs qui prouvent le prochain

Armageddon. La discrimination raciale, les préjugés et les injustices en tous genres sont d'autres exemples de la façon dont nous nous permettons d'être trompés par les désirs, nés de la mémoire et des habitudes subconscientes. La clé pour réaliser la vérité, la réalité sous-jacente derrière ce monde de phénomènes toujours changeants, repose sur la purification de nos désirs. Comme l'a dit le Bouddha : « Le désir est un piège. »

Patanjali nous dit :

> [Quand il y a] une arrière-pensée, l'expérience résultante est [qu'il n'y a] pas de distinction [entre] la conscience de l'être manifeste dans la nature et le Soi ; [quand on pratique] la communion pour elle-même, [on acquiert] la connaissance de Soi.
>
> — Patanjali (***Les Sûtras du Yoga***, III.35)

En d'autres mots, lorsqu'il y a du désir (une arrière-pensée) pour tout sauf pour réaliser la Vérité, on confond le sujet, notre Soi pur, avec ce que nous expérimentons dans la nature. En d'autres termes, nous confondons ce qui est conscient, ce qui est le Témoin, avec tous les objets de l'expérience, tels qu'ils se présentent au travers de nos cinq sens, des émotions et des pensées. Par exemple, nous disons, « j'ai chaud … j'ai faim … je suis jaloux » plutôt que « il fait chaud… il y a un besoin de nourriture ou de s'alimenter… il y a des sentiments de jalousie ». Marchant seul dans la nuit, dans une rue sombre, nous pouvons nous sentir menacés lorsqu'un étranger nous approche simplement parce que nous nous identifions avec des souvenirs associés à la « noirceur », aux « étrangers » et à l'émotion de la peur.

Mais dans le verset ci-dessus, Patanjali explique qu'en cultivant le *samyama* (la communion), qu'il définit dans le verset III.4 comme la combinaison de la concentration, de la méditation et du samadhi (absorption cognitive), nous connaissons le Soi sous-jacent. Le samadhi se produit lorsque l'esprit devient absolument calme. En lui, nous devenons conscients de ce qui est conscient. Nous voyons la lumière, pas seulement ce qui est illuminé par elle. Dans ce verset, Patanjali nous dit que lorsque nous entrons en communion au niveau le plus subtil de notre être basé sur la distinction même entre le Soi pur (le sujet) et les objets ou les manifestations de la Nature, dans le complexe de corps-esprit, la réalisation de la Réalité sous-jacente peut se produire.

L'illumination, c'est de demeurer continuellement conscient de la Réalité sous-jacente

Alors que, pour l'étudiant du yoga, de brefs aperçus de la Réalité peuvent être assez facilement accessibles, maintenir cet état de conscience et agir à partir de cette conscience est le défi ultime, le summum de l'existence humaine, l'illumination. Toutes les technologies du yoga ont comme objectif ce but. Cela s'accomplit en générant en premier l'état du sattva, caractérisé par le calme, comme base dans sa vie. Cet état permet de graduellement lâcher prise sur la perspective égoïste, avec tous ses désirs et toute son ignorance à propos de sa vraie identité, et de devenir le Témoin du théâtre du karma, de la nature et des illusions créées par l'esprit et le corps vital.

Nous connaissons la Réalité en fixant notre regard sur la lumière intérieure, en maintenant le calme intérieur et en nous rappelant de demeurer le Témoin du drame de la vie. Savoir que la physique quantique et les mystiques anciens s'entendent pour dire que la Réalité ne peut pas être réduite à des mots ou des symboles mathématiques vous libérera du doute intellectuel et vous encourage à *être cela* plutôt que de *penser* à cela.

ॐ CHAPITRE 7 ॐ

Aimez-vous Dieu ? Ou comment empêcher que la pratique de yoga devienne une satisfaction de l'ego ?

Si je demande à des personnes « Aimez-vous Dieu ? », la plupart d'entre eux répondront par l'affirmative, particulièrement si par « Dieu » ils peuvent se référer à n'importe quelle conception personnelle ou impersonnelle d'un Être Suprême. La conception préférée de Dieu pour une personne s'appelle *istadevata* en Inde. Par exemple, beaucoup de gens remplaceraient Dieu par Jésus-Christ, Bouddha, Allah, Jéhovah, Shiva, Krishna ou par un avatar comme Babaji. D'autres peuvent considérer Dieu comme étant l'impersonnel *Brahma* (Lumière de la Grâce Suprême) ou *satchidananda* (Être, Conscience, Béatitude Absolue).

Lorsque je demande comment savez-vous que vous aimez Dieu, plusieurs justifient leur déclaration d'amour pour Dieu en mentionnant leurs prières régulières, leurs pujas, leurs mantra japas, leurs méditations ou autres sadhanas yogiques. Ils font aussi référence à la lecture de livres spirituels, au plaisir de discuter sur la vie Divine et spirituelle, aux images de Dieu sur leur autel et aux kirtans (chants), seul ou en groupe.

Ces activités prouvent-elles que nous aimons Dieu ? Pas nécessairement. Si elles sont assombries par l'ego, qui dit *ma* sadhana de yoga, *ma* réalisation, *mes* efforts, *mon* développement spirituel ou *ma* voie, alors on ne peut pas développer en nous un amour véritable pour le Divin. Nous ne pouvons pas nous abandonner si les désirs personnels, les ambitions, les peurs, les exigences égoïstes et les compulsions du vital se camouflent dans les activités dévotionnelles ou yogiques. L'utilisation de la pratique de yoga pour surmonter des sentiments de culpabilité, d'insuffisance, de solitude ou autre forme d'autocritique ne peut qu'être considérée comme un bon moyen de développement personnel. On appelle parfois cela de *l'amour-propre* dans les cercles psychothérapeutiques en particulier.

Il y a un dicton dans le milieu de la psychologie transpersonnelle : « Avant que vous puissiez transcender l'ego, vous devez le développer. » Cela signifie que sans un minimum de confiance en soi, on ne peut pas commencer à maîtriser les nombreuses facettes de l'égoïsme et, à la fin, les transcender. C'est pour cette raison que les cours de développement personnel, qui mettent l'accent sur l'amour-propre, l'épanouissement personnel et l'affranchissement de la pensée négative et des habitudes sont un prérequis pour s'embarquer sur un chemin spirituel. Autrement, les aspirants sadhakas peuvent se leurrer en pensant que les pratiques spirituelles vont résoudre leurs névroses profondément ancrées, leurs mauvaises habitudes et leurs pensées négatives.

Même si de telles méthodes peuvent aider une personne à grandir et même lui procurer la confiance en soi nécessaire, ainsi que d'autres qualités positives dans sa personnalité, l'amour pour le Divin diminue lorsque l'ego est impliqué, peu importe l'activité. Parce que lorsque nous aimons, nous donnons ; et si nous aimons le Divin, nous nous donnons, entièrement et complètement. Autrement, notre pratique de yoga ou n'importe quelle autre méthode d'épanouissement personnel devient un moyen pour une fin limitée, comme un corps plus sain et plus attrayant ou un mental plus calme et moins névrotique. Au pire, la pratique de yoga devient une source de fierté, une justification pour se croire supérieur aux autres, en bref, une autre façon de satisfaire l'ego. Par conséquent, nous devons trouver une manière d'aller au-delà de la perspective limitée de l'ego dans notre utilisation du yoga.

Comment peut-on conquérir l'amour-propre de notre ego ? Sri Aurobindo donne la prescription suivante :

> « Le remède est de penser constamment au Divin et non à soi-même ; travailler, agir, faire la sadhana pour le Divin ; ne revendiquez rien, mais remettez tout au Divin. »
>
> — Sri Aurobindo (***Lettres sur le Yoga***, p. 1372)

Tant que nous considérons que notre raison de vivre est la recherche du plaisir et l'évitement de la douleur ou la satisfaction de la faim insatiable du corps vital pour de nouvelles expériences, l'attraction magnétique de l'égoïsme vers des objets de désir accablera la meilleure des intentions. L'amour-propre se manifeste à chaque instant par une myriade de préférences et d'exigences, grandes et petites. Notre nature émotionnelle tombe sous l'influence de l'ego beaucoup trop facilement, causant illusion et erreurs. Après avoir leurré notre mental et notre coeur, il s'attaque à notre volonté, qui oublie alors son véritable but. Il peut alors provoquer des doutes à savoir si nous pouvons continuer sur le chemin spirituel, et la croyance que seulement les réalités du monde matériel sont valides. Notre civilisation moderne renforce constamment cette notion tragique, de même que les valeurs et les jugements de notre famille, nos amis et nos collègues.

Cependant, si nous nous rappelons que le but principal de la vie est de se donner complètement au Divin et de devenir Son instrument perfectionné, nous trouverons *ananda* (la joie inconditionnelle), indépendamment des hauts et des bas des mouvements des corps vital et mental. Dans les mots de La Mère :

> Dans le simple fait de ne pas penser à soi, de ne pas exister pour soi, de ne rien attribuer à soi-même, pensant seulement à ce qui est suprêmement beau, lumineux, merveilleux, puissant, compatissant et infini, il y a un plaisir si profond que rien ne peut être comparé à cela.
>
> — La Mère (***Questions et réponses***, Volume 3, p. 269)

Alors, nous pouvons remplacer la perspective de l'ego avec ses références constantes à *mon* corps, *mon* mental, *mes* désirs, *mes* peurs, *mes* souvenirs et *mon* expérience, pour la perspective du vrai Soi, de l'âme, du Témoin, qui fait partie et est une particule du Divin, à l'intérieur et à l'extérieur.

Pour beaucoup, la manière la plus facile de développer l'amour pour le Divin, c'est d'imaginer le Divin comme une personne, peu importe le nom ou la forme. C'est le chemin du Bhakti Yoga. L'amour sous-entend deux individus, l'amant et le bien-aimé. Lorsque le bien-aimé est perçu comme le Seigneur, le Divin, Jésus-Christ, Krishna, Shiva ou autre, il est habituellement beaucoup plus facile de donner de l'amour que lorsque l'autre, l'Être Suprême, est considéré comme une Vérité, une Unité ou une Lumière impersonnelle. Cependant, alors que l'on mûrit sur ce chemin, l'amant et le bien-aimé fusionnent et puis, dans les mots du *Tirumandiram*, concernant l'âme et le Seigneur, « ils ne sont pas deux » et un devient *Cela*.

De plus, en devenant des karma yogis, nous pouvons remplacer les motivations ordinaires de l'ego, que ce soit pour le travail ou le jeu, par l'amour pour le Divin. Au lieu d'essayer d'obtenir quelque chose, le karma yogi donne. Nos actions sont faites avec l'intention de voir et servir le Divin dans les autres. Nous agissons habilement, comme une offrande, sans attachements aux résultats des actions. Le karma yogi expose et supprime les motivations détournées et subtiles de l'ego en posant les questions suivantes : « Est-ce que j'ai une préférence ? Qui désire cela ? » Son mantra est *Que Ta volonté soit faite, et non la mienne.*

Outre l'adoption de la perspective d'un karma yogi, les attitudes principales par lesquelles un sadhaka de yoga peut déraciner l'amour-propre sont le courage et la confiance absolue en la sagesse de la Divine providence. Nos vies sont remplies de défis et l'on peut se demander comment les choses tourneront. Mais si nous nous tournons vers le Divin et que nous demandons au Seigneur de nous guider et de nous donner la force d'accomplir Sa Volonté, alors la Grâce descend et ouvre la voie. Nous pouvons nous libérer de l'amour-propre, en vivant pour le Divin, en nous donnant au Divin, par la recherche et l'abandon à la Volonté du Divin, courageusement et avec une confiance complète dans la providence Divine.

ॐ CHAPITRE 8 ॐ

Le silence est sacré

Lorsque nous sommes stressés, le mental peut devenir notre pire ennemi. Il est bombardé de milliers d'impressions sensorielles, de ruminations, de doutes et d'habitudes répétitives. Selon la recherche médicale, l'épidémie de maladies modernes se doit en grande partie au stress et l'une des plus importantes sources de stress est le bruit. Nous sommes assujettis à des niveaux de bruit bien supérieurs à ceux que connaissaient nos ancêtres.

Quelques exemples courants : voitures, appareils électriques, voisins, avions, téléphones cellulaires, téléviseurs, radio, iPod et chaînes stéréo. À la longue, tout ce bruit épuise et affaiblit le système nerveux. Il n'est pas surprenant que nos jeunes souffrent de maladies modernes comme le trouble déficitaire de l'attention et l'hyperactivité, et que les taux d'échec scolaire soient plus élevés que jamais. De nombreuses personnes souffrent d'anxiété, ont l'impression de toujours manquer de temps et ont du mal à s'endormir. Il n'est pas surprenant que la consommation de médicaments psychotropes soit en pleine expansion et que les drogues de choix soient l'alcool, la marijuana et d'autres narcotiques illicites, des drogues qui s'accompagnent chacune d'une liste d'effets secondaires négatifs. Nous avons créé une culture basée sur le bruit et la stimulation nerveuse, et la personne moyenne n'arrive pas à trouver la paix.

Une des meilleures façons de mettre fin à l'absorption dans les jeux du mental et de gérer les effets de tous ces stress sensoriels est d'apprendre à observer le silence pendant des périodes prolongées. Dans cet article, vous apprendrez à créer votre propre retraite silencieuse. Mais si vous n'avez jamais fait de retraite silencieuse, ou si vous doutez de votre capacité de garder le silence pendant un ou deux jours, il peut être préférable de commencer par une retraite silencieuse organisée par autrui.

Vous n'avez pas besoin d'aller loin, mais vous devez vous éloigner de vos distractions habituelles. Vous choisirez peut-être de quitter votre maison pendant quelques jours, au moins jusqu'à ce que vous appreniez à organiser votre retraite silencieuse chez vous. Les centres de retraite et les ashrams organisent souvent des retraites silencieuses formelles qui facilitent la pratique du silence. Ces endroits offrent un milieu inspirant souvent dans la nature et répondent à vos besoins essentiels, dont les repas et la tranquillité. Ils peuvent également offrir des programmes de yoga et de méditation, des enseignements et une orientation sur les subtilités de la pratique du silence.

Plus que tout, le respect du silence est ce qui distingue la spiritualité de la religion. On ne trouve pas le silence dans les séminaires de croissance personnelle, les cours de santé, les projets intellectuels ou les établissements d'enseignement. Il se peut que la pratique du silence soit complètement nouvelle pour vous. Vous avez sûrement déjà connu des périodes de silence, mais vous ne vous êtes peut-être jamais engagés à garder le silence pendant 24 heures ou plus. Il se peut que l'idée vous semble tout à fait étrange.

L'esprit n'a pas de forme, mais presque tous les objets avec lesquels nous nous identifions ont une forme : notre corps physique, nos perceptions par les cinq sens, nos pensées. Selon le yoga, l'esprit est le corps spirituel, l'*anandamaya-kosha*, ou « enveloppe de joie parfaite ». Il s'agit de la partie la plus subtile de notre être, et il est présent dans les quatre autres corps : physique, vital, mental et intellectuel. Mais parce qu'il n'a pas de forme, il n'est pas confiné par le temps ou l'espace. Il est omniprésent. Parce qu'il est subtil et qu'il vibre à une fréquence plus élevée que celle de nos corps physique, affectif, mental et intellectuel, le mental doit devenir subtil, énergisé et silencieux pour le vivre réellement. Voilà pourquoi l'observance du silence dans les traditions mystiques et spirituelles est la méthode privilégiée pour accéder à la dimension de l'esprit. Le terme *mystique* vient du mot grec *muein*, qui signifie *celui qui est silencieux.*

Le silence est à la fois notre origine et notre destination. Il se trouve avant notre naissance et après notre mort. Nous en faisons l'expérience tous les jours, avant de nous réveiller et lorsque nous nous endormons le soir. Il n'a donc rien de mystérieux. Qui n'aime pas ce moment où nous posons la tête sur l'oreiller le soir ? Qui n'aime pas une bonne nuit de sommeil ? Le sommeil le plus profond, le plus reposant, le plus réparateur survient lorsque le mental cesse de rêver et devient silencieux.

Les bienfaits du silence

La plupart d'entre nous dépensent d'importantes quantités d'énergie en parlant trop, et nous sommes épuisés à la fin de la semaine. Mais au lieu de recharger nos piles en observant le silence pendant un jour, nous passons le weekend à parler. Et depuis l'apparition du téléphone cellulaire, cette tendance à trop parler ne fait que s'empirer. Vous n'avez qu'à écouter les gens parler sur leur cellulaire en se promenant, en conduisant ou en faisant la queue. Quatre-vingt-quinze pour cent de ce qu'ils disent est superflu. Ils ne font que verbaliser ce qui leur vient à l'esprit. Et voyez comment ils se sentent après deux heures de conversation continue avec des amis ou la famille.

Par contre, avez-vous remarqué que les paroles de ceux qui parlent peu et qui réfléchissent avant de parler sont beaucoup plus significatives ? Leurs paroles contiennent beaucoup plus d'énergie et de sagesse. Ces personnes captent immédiatement l'attention des autres, simplement parce qu'elles parlent peu.

L'observance régulière d'un jour de silence, continuellement pour au moins vingt-quatre heures, par exemple le weekend ou lors d'un congé, un jour sacré, permet de goûter aux bienfaits du silence : regain d'énergie, nerfs plus solides, concentration accrue, anxiété réduite, sommeil plus reposant, un sens grandissant de la dimension spirituelle de la vie et une vie plus significative. Sur le plan physique, on peut s'attendre à une meilleure santé, puisque le silence favorise les conditions nécessaires pour le rétablissement et la gestion du stress.

La pratique régulière du silence aide à développer la patience et à s'immuniser contre les émotions comme la colère, le désir et la cupidité. Lorsque les autres sont en colère, nous nous souvenons de ne pas réagir, de réfléchir avant de parler et de ne dire que ce qui peut être utile, calmement. En cultivant délibérément le silence, nous apprenons à voir les fantaisies du mental comme des objets qui ne nous appartiennent pas et à mettre fin à leurs cycles répétitifs.

Sur les plans mental et spirituel, le mental devient calme et nous commençons à nous identifier avec ce qui se trouve derrière le mental : la conscience silencieuse du Témoin. Le calme n'est que la première étape. Il n'est pas absence de pensées, mais plutôt une présence qui observe les pensées qui surgissent. Peu à peu, le silence verbal entraîne le silence mental, les pensées se font moins nombreuses et nous vivons dans un état de conscience sans choix. Une joie intense s'ensuit, et le corps spirituel passe à l'avant-plan.

La pratique du silence crée en outre les conditions idéales pour la créativité et l'inspiration. Si nous avons un problème à résoudre ou une décision importante à prendre, le silence peut nous aider puisqu'il réduit les distractions habituelles. Le silence est encore plus puissant lorsqu'il est combiné au jeûne, puisque la circulation qui est habituellement dédiée aux organes de la digestion est maintenant libre de soutenir le cerveau de façon optimale.

La pratique du silence active le système nerveux parasympathique, ce qui favorise la détente et invite ainsi vos facultés supérieures, dont l’intuition et la créativité à se manifester. Nous devenons également capables de fusionner notre conscience avec l'objet de notre attention et connaître ce dernier de l'intérieur, pour ainsi dire. Cela dissout la dichotomie habituelle entre sujet et objet et nous donne accès à de nouvelles informations par le biais de l'intuition.

Le tapas : un défi volontaire de transformation personnelle

L'observance du silence est l'une des plus importantes façons de cultiver le tapas (la pratique intensive du yoga) et développer ainsi une volonté considérable. Chaque fois que nous faisons appel à la volonté, cette dernière se renforce, et nous commençons à agir de façon plus significative. Par conséquent, nous pouvons ainsi transformer n'importe quelle mauvaise habitude ou trait de personnalité indésirable.

Le tapas est un défi volontaire de transformation personnelle. Il commence par l'expression de notre intention, par exemple au moyen d'un vœu ou d'une promesse envers soi-même. Un tel vœu doit être dénué de doute. Par exemple, si vous souhaitez observer vingt-quatre heures de silence, ne dites pas « je veux observer vingt-quatre heures de silence » ou « j'espère observer le silence », mais plutôt « j'observe vingt-quatre heures de silence continu » ou « en observant intentionnellement le silence, je maintiens une conscience de soi continue et équilibrée ». De telles affirmations agissent comme des autosuggestions, et le subconscient enregistre ainsi une instruction claire.

Le subconscient est en fait très bête, parce qu'il croit tout ce que vous lui dites. Si vous lui dites que vous doutez pouvoir garder le silence, il vous croira. Il vous encouragera à douter de votre volonté de continuer votre cure de silence. Une intention bien formulée aidera à purifier le subconscient et à laisser aller tout ce qui fait surface dans votre conscience. Si vous ne formulez pas d'intention, cependant, les résultats seront mitigés, puisque les pensées habituelles vous inonderont peut-être et entraîneront de la souffrance.

Le deuxième élément de tapas est l'exercice de la volonté. Si vous manquez de volonté, commencez par de courtes périodes, par exemple des périodes de six heures, puis douze heures, puis vingt-quatre heures. Si vous devez communiquer, pendant la journée du silence, écrivez des notes. Mettez-vous en messagerie. Si vous attendez un appel important, établissez à l'avance un code avec votre interlocuteur afin de pouvoir lui signaler « oui » ou « non » en donnant des petits coups sur le receveur. Mais tentez d'organiser votre horaire de façon à éviter les appels non nécessaires, les obligations de travail et autres distractions.

Le troisième élément du tapas est l'endurance. Cela signifie que vous vous rappelez votre vœu et vous continuez d'utiliser votre volonté même lorsque vous êtes tenté de briser le silence. Il se peut que vous sentiez une résistance intérieure qui génère de la chaleur émotionnelle ou physique. Le mot *tap* signifie *chaleur* en sanskrit, et donc tapas signifie « *redresser par le feu* ». En d'autres termes, la transformation de nos habitudes pousse notre nature humaine à résister, mais avec de la persistance, en lâchant prise sur l'inconfort, nous pouvons poursuivre. Le gain de volonté qui en résulte peut ensuite être mis à profit dans n'importe quel projet.

Créez votre propre retraite silencieuse

Lorsque vous aurez participé à une ou plusieurs retraites silencieuses formelles dans un ashram ou un centre de retraite, il se peut que vous souhaitiez organiser votre propre retraite. Afin d'éviter les distractions habituelles, il est préférable de la tenir à l'extérieur de votre domicile. L'idéal est de la faire dans la nature, puisque cela peut avoir d'importants effets guérisseurs. Le milieu devrait être simple, propre et ordonné. Que vous organisiez votre retraite chez vous ou ailleurs, n'oubliez pas les lignes directrices ci-dessous :

- Expliquez à vos proches ce que vous faites et pourquoi. Par exemple, dites-leur que vous le faites pour vous reposer et recharger vos batteries. Après le début de votre retraite, vous serez peut-être surpris de constater qu'ils vous trouvent plus agréable lorsque vous êtes en silence. Ils vous encourageront probablement à renouveler l'expérience ou ils se joindront peut-être à vous.
- Gardez un calepin pour communiquer, au besoin.
- Mettez vos téléphones en messagerie.
- Commencez par une prière ou une affirmation silencieuse dans laquelle vous exprimez votre intention de garder le silence pendant toute la période de votre retraite.

- Préparez un horaire et suivez-le. L'horaire peut inclure des périodes d'asanas (postures), de respiration, de méditation, de mantras, de marche méditative et des périodes limitées de lecture. L'excès de lecture peut être fatigant et peut remplir le mental de pensées non nécessaires, si bien que le sujet de votre lecture doit renforcer votre pratique. Envisagez de lire vos textes sacrés préférés. Vous pouvez prévoir des périodes pendant lesquelles vous alternez entre la méditation et la marche, par exemple. Évitez les périodes trop longues qui peuvent induire l'inertie ou le sommeil. Si vous faites des postures entre vos séances de méditation, vous surmonterez l'envie de dormir et l'inertie.
- Mangez peu et, si possible, faites un jeûne si vous en avez l'habitude. Organisez vos repas à l'avance afin qu'ils soient faciles à préparer. L'excès de nourriture vous donnera envie de dormir.
- Enregistrez vos méditations dans un journal immédiatement après. Cela vous aidera à lâcher prise sur ce que le subconscient ventile. Selon le type de méditation que vous pratiquez, le fait de les enregistrer vous donnera peut-être de nouvelles intuitions ou même des solutions à des problèmes dans votre vie.
- Au lieu de tenter de vider le mental, remplissez-le au moyen de l'observation, de la répétition d'un mantra, de la pleine conscience et de la méditation. Le mental est comme un vase qui n'est pas complètement plein. Il fait du bruit en éclaboussant le contenu. Faites preuve d'engagement afin d'éviter l'indolence et l'ennui. Vous sentirez une lumière intérieure vous envahir. Vous prendrez conscience en vous d'une fréquence ou vibration énergétique élevée ainsi que d'un sens d'expansion. Il s'agit de la lumière de la conscience élevée, qui s'accompagne d'une joie inconditionnelle.
- Commencez avec de courtes périodes, par exemple une heure. Vous pouvez ensuite augmenter le nombre d'heures à six, douze puis vingt-quatre. Les périodes prolongées produisent de meilleurs résultats. Trouvez des occasions de garder le silence pendant de plus longues périodes au moins une ou deux fois par an, par exemple deux ou trois jours, ou même plus. Ceux qui s'intéressent réellement à la méditation

et à la spiritualité trouveront les longues périodes de silence, soit un mois ou même un an, profondément bénéfiques à plusieurs niveaux.

Quelques pratiques qui vous aideront à approfondir le silence

Voici quelques pratiques qui vous aideront à cultiver le silence de façon efficace.

Pranayama ou respiration contrôlée. Chaque état psychologique correspond à un rythme de respiration particulier, donc si vous souhaitez cultiver un mental calme, il est important d'apprendre à respirer correctement. Les exercices de pranayama vous enseigneront à utiliser tous les muscles mobilisés dans une respiration complète. De nombreuses personnes ont de mauvaises habitudes respiratoires et vivent en état de stress chronique. Pour observer la respiration et corriger les mauvaises habitudes respiratoires, il suffit de vous coucher sur le dos et de placer vos mains de chaque côté du haut de votre abdomen, juste sous les côtes. Vous sentirez votre diaphragme, le principal muscle de la respiration, monter et descendre.

Lorsque vous inspirez, remarquez que l'abdomen se soulève en premier, puis la cage thoracique, puis finalement, vers la fin de l'inhalation, le haut de la poitrine et les épaules. Lorsque vous expirez, notez que les épaules et le haut de la poitrine se détendent en premier, suivis du reste de la poitrine, puis l'abdomen. Suivez ce mouvement pendant quelques minutes. Asseyez-vous ensuite avec le dos droit, soit au bord d'une chaise soit sur un coussin ferme, avec les jambes repliées confortablement en tailleur, et pratiquez l'exercice suivant, *Matreika pranayama* (respiration rythmique contrôlée). La bouche fermée, inspirez profondément et lentement en suivant les trois étapes décrites ci-dessus : expansion de l'abdomen, expansion de la poitrine, soulèvement des épaules. Puis expirez dans l'ordre inverse. Comptez dans votre tête et rendez l'expiration aussi longue que l'inspiration. Fermez légèrement la glotte comme vous le faites lorsque vous chuchotez, ce qui produira un bruit léger dans le fond de la gorge. Répétez quinze fois. Lorsque vous aurez terminé, restez assis en silence et assimilez l'énergie de la respiration, en permettant au mental de se calmer.

Respiration consciente. Asseyez-vous confortablement et prenez conscience de votre respiration. Ne faites aucun effort pour la contrôler. À la fin de l'inspiration, ne la retenez pas, mais permettez à l'expiration de prendre la relève de façon naturelle. À la fin de l'expiration, ne la retenez pas, mais permettez à l'inspiration de s'ensuivre de façon naturelle. Continuez pendant 15 minutes. La respiration est une façon de tourner la conscience vers l'intérieur, loin du bruit des sens et du mental.

Respiration consciente combinée à une affirmation. En suivant votre respiration, répétez mentalement *ham* pendant l'inspiration et *sa* pendant l'expiration, et n'oubliez pas le sens de ces mots : en sanskrit *ham* signifie *je suis*, et *sa* signifie *cela*. Ensemble, ils veulent dire *je suis cela*. Lorsque d'autres pensées font irruption, ne les rejetez pas et ne les encouragez pas. Laissez-les simplement aller et retournez à votre respiration et au sens des mots *ham-sa*. Ne faites aucun effort pour contrôler la respiration. Peu à peu, la respiration ralentira, et le mental se calmera. Et à mesure que le mental se calme, la respiration ralentira encore plus. Après un certain temps, la respiration et le mental s'immobiliseront tous deux. Continuez cette méditation pendant au moins quinze minutes.

Répétition d'un mantra. La pratique de répéter des mantras est intimement liée à la pratique de silence mental. Le mot *mantra* vient du mot sanskrit *manas*, qui désigne le mental. Le mot *mauna*, observance du silence, vient également de *manas*. Selon les anciens sages de l'Inde, avant que la création ne se manifeste, la première manifestation dans la Nature était le son, un son primordial dénommé *Aum*. Selon la Bible : « Au commencement était le Verbe, et le Verbe était avec Dieu, et la Parole était Dieu. » (Jean 1:1) Ainsi, lorsque vous vous concentrez sur le son primordial, *Aum*, vous êtes à deux pas de la Source divine du son. Et en retraçant l'origine d'un son, vous pouvez découvrir le Divin. Un mantra est donc un outil sonore conçu pour placer votre conscience dans un état de communion avec la Source divine.

Le mot *mantra* signifie littéralement *ce qui protège le mental*. Le mantra protège le mental contre ses habitudes, qui se manifestent sous forme de désirs, de peurs, de vieilles habitudes d'attirances et d'aversions et de monologues mentaux incessants. En répétant un mantra, vous pouvez calmer votre mental et le guider vers un état d'attention paisible, concentrée et calme.

La liste des mantras est longue. Par exemple, *Aum, Amen, Paix, Shanti, Shalom, Satnam, Spirit, Om Nama Shivaya, Hare Krishna.* L'hésychasme est une tradition mystique chrétienne orthodoxe de l'Orient qui offre la prière du cœur : « *Seigneur Jésus-Christ, Fils de Dieu, aie pitié de moi, pécheur* », devenue célèbre grâce à *La voie du pèlerin*, un classique du XIXe siècle écrit par un moine russe inconnu. Vous pouvez utiliser l'ensemble de la prière ou uniquement la partie qui vous attire, par exemple, *le Seigneur Jésus-Christ, aie pitié de moi* ou simplement *Seigneur Jésus-Christ.*

Lorsque vous observez le silence, mieux vaut répéter le mantra en silence, sans mouvement des lèvres ou de la langue, en gardant le sens du mantra dans la conscience. Au début, concentrez-vous sur le mantra comme pensée. Dans un deuxième temps, concentrez-vous sur le mantra comme vibration. Dans un troisième temps, tentez de retracer le mantra jusqu'à sa source intérieure. Après plusieurs années de pratique régulière, vous commencerez à entendre le mantra faire surface spontanément.

Marche méditative. Que vous observiez le silence ou non, vous pouvez transformer la marche en une méditation en suivant les indications suivantes :

- Gardez les yeux fixés au sol à environ un mètre devant vous.
- Tout en comptant silencieusement, établissez un rythme de respiration dans lequel l'expiration est deux fois la durée de l'inspiration. Ne forcez pas. Ce rythme active le système nerveux parasympathique, ce qui provoque un état de calme et de détente.
- Cultivez le point de vue du Témoin par rapport à toutes vos pensées, émotions et sensations physiques. Vous pouvez également contempler un problème particulier ou une question que vous souhaitez résoudre et permettez à l'inspiration de pénétrer votre mental calme et concentré.

Comment surmonter la résistance et intégrer le silence dans votre vie quotidienne

Il se peut que votre mental proteste en disant : « Mais j'habite dans le monde. » Néanmoins, il est important de vous souvenir que vous vivrez dans le monde de façon bien plus efficace si votre mental n'est pas agité. Si vous pouvez commencer et terminer chaque semaine avec un jour de silence, vous renouvellerez votre énergie, votre santé, votre paix d'esprit et vos relations.

Votre mental peut également argumenter : « Mais je n'ai pas le temps ! » Vous avez le temps qui se situe entre vos respirations ! Remarquez comment vous vous sentez dans un moment de silence. Par exemple, lorsque vous entrez dans une pièce dans laquelle quelqu'un dort paisiblement, lorsque vous contemplez un ciel étoilé ou lorsque vous entrez dans une forêt.

Le mental contient de nombreux niveaux et le niveau de silence que vous atteignez dépend de la fréquence et du degré d'énergie que vous avez accumulés à chaque niveau. Vous pouvez en faire l'expérience dans votre vie quotidienne. Lorsque vous observez le silence de façon délibérée, votre énergie est automatiquement redirigée vers une plus haute fréquence. Inversement, lorsque vous n'observez pas le silence, votre énergie s'abaisse aux fréquences plus basses des cinq sens, des émotions et des monologues mentaux. Donc, lorsque vous gardez le silence intentionnellement, votre créativité augmente parce que vous avez maintenant accès à une intelligence de plus haut niveau. La guérison du corps est également accélérée. Vous avez besoin de moins de sommeil. Votre appétit diminue. Les émotions se dissipent. Il se peut que la conversation ou les ruminations mentales vous manquent au début, tout comme la nourriture vous manque au début d'un jeûne, mais après cette phase initiale, vous ne voudrez pas arrêter, parce que votre énergie atteindra des fréquences plus élevées.

Lorsque vous êtes devant une personne en colère, tentez de garder le silence. Avant de réagir émotionnellement envers quelqu'un qui vous a peut-être agacé, prenez quelques respirations profondes ou répétez un mantra ou adoptez le point de vue du Témoin. Très rapidement, vous ne sentirez plus le besoin de réagir avec colère. Cela se produit parce que votre niveau de conscience suit le point de mire de votre énergie. Si vous redirigez votre énergie selon la démarche ci-dessus, les fréquences émotionnelles basses du mental deviennent silencieuses. Vous commencerez en outre à entendre l'appel des dimensions plus élevées de votre mental, la voix de la sagesse, l'inspiration, l'amour et la compassion. Vous sortez de l'état d'esprit de *moi contre eux* et vous réalisez qu'il n'y a que *nous*. La communication non verbale s'accentue. Votre adversaire sentira votre calme et se calmera à son tour et il entendra les conseils des niveaux plus élevés de son propre mental.

Si vous cultivez régulièrement les fréquences plus élevées de votre mental par la pratique du silence, du yoga, de la méditation, de la respiration contrôlée, de la respiration consciente, de la marche méditative, des mantras et de la conscience du Témoin, votre intelligence la plus élevée trouvera sa voix en vous. Non seulement vos relations se transformeront, mais votre vie tout entière deviendra un miracle de création. Pour citer Paramahansa Yogananda, votre vie deviendra une « joie sans cesse renouvelée ». Voilà pourquoi tant de cultures affirment que « le silence est sacré ». En effet, il n'y a pas de plus grande richesse que celle qui découle de la pratique régulière et intentionnelle du silence.

ॐ CHAPITRE 9 ॐ

Notre ouverture psychique au Divin

Comment pouvons-nous choisir la bonne ligne de conduite dans notre vie quotidienne ? Comment pouvons-nous distinguer les messages de notre ego de ceux de notre Soi supérieur ? Comment pouvons-nous développer cette clarté de l'esprit qui nous permettra d'être guidés par le Bien-Aimé, le Seigneur, le Divin ?

En tant que sadhakas de yoga, c'est-à-dire une personne qui fait une sadhana (ensemble d'exercices prescrits, qui nous mènera vers la réalisation du Soi), nous sommes souvent confrontés à des questions comme celles-ci. Surtout lorsque nous faisons face à des problèmes et des défis pour lesquels les solutions ne sont pas évidentes. Nous prenons conscience de l'agitation causée par nos émotions et nos désirs dans notre corps vital et la façon dont ceux-ci influencent nos pensées et nos décisions de façon non intelligente, étant sous le contrôle d'habitudes profondément enracinées. Que faisons-nous alors ? Qui nous guidera vers notre but ?

C'est à ce moment que *anandamayakosha* (le corps spirituel) joue un rôle important, en particulier par sa partie supérieure l'*être psychique*, car il donne la parole à *anandamayakosha* (le corps spirituel). Depuis l'antiquité, la science du Yoga fait référence aux cinq *koshas* ou corps : physique, vital, mental, intellectuel et spirituel. Ils sont comme des enveloppes d'énergie ; chacune ayant sa propre fréquence, sa densité et ses mouvements caractéristiques (pour une explication détaillée des koshas, voir le chapitre 3).

L'être psychique, l'âme, est le représentant lumineux du Divin qui réside dans le cœur de tous. Il tente de nous guider ou nous avertir à chaque détour, mais il est habituellement caché derrière les rideaux épais de la couche encore plus dense de notre anatomie subtile et de l'ignorance. Par conséquent, il ne peut nous guider qu'au moment où il entre à l'avant-plan dans notre conscience où il devient un guide constant.

Bien que son influence soit limitée, il peut parfois nous influencer légèrement de façon bénéfique, mais toujours derrière le voile épais de l'ignorance de notre nature humaine contrôlée par nos habitudes. Au fur et à mesure que nous abandonnons notre volonté et notre nature au Divin, l'*être psychique* vient au premier plan de la conscience et il nous guide directement et correctement vers le Vrai, le Bon et le Beau. Il nous avertit de ce qui doit être évité et nous donne des conseils quant à ce qui doit être fait. Ce réveil psychique est une étape cruciale dans la vie de tous les sadhakas, parce qu'il permet au Guru intérieur, Babaji, de se manifester de façon bénéfique.

En tant que sadhakas du Kriya Yoga, nous avons reçu, au cours des trois initiations, des techniques qui nous aident à éveiller l'être psychique et à nous connecter à notre Satguru bien-aimé, Babaji.

- Parmi ces dernières, *Babaji Samyama Kriya*, soit le septième dhyana kriya de la première initiation ;
- des mantras appris lors de la seconde initiation, en particulier ceux de notre *ishtadevata* (notre conception préférée du Seigneur), incluant *Om Kriya Babaji Nama Aum* souvent appelé *le numéro de téléphone de Babaji*, que l'on chante avec amour et dévotion assis autour du feu sacré lors de la cérémonie du *mantra yagna* ;

- *Shivalinga Veerashiva Dhyana Kriya*, *Vijnana Babaji Darshan Kriya* et les 18 dhyanas kriyas des Siddhas dans la série des 144 Kriyas enseignés lors de la troisième initiation.

Dans toutes ces techniques, nous écoutons la voix de l'être psychique. Le long processus de purification qui se produit par la pratique d'une sadhana yogique précipite le réveil de l'être psychique à l'intérieur de nous. Les divers Kriyas appris dans le Kriya Yoga de Babaji ont comme principaux objectifs :

- la guérison et la relaxation du corps physique,
- l'ouverture des canaux d'énergie subtile et le réveil progressif de l'énergie de la kundalini dans le corps vital et
- l'apaisement des corps vital et mental et la purification du subconscient.

De plus, il est nécessaire de développer la concentration et d'exercer sa volonté consciemment. La pratique du Kriya Yoga de Babaji ouvre aussi notre cœur à l'amour inconditionnel et nous fait nous tourner progressivement vers le Divin.

Il faut comprendre qu'en tant que sadhakas du Kriya Yoga, nous ne cherchons pas des pouvoirs psychiques. Le réveil de l'être psychique a un but bien plus élevé : l'abandon complet au Divin. Afin de mieux comprendre cela, il faudrait décrire les étapes de ce processus dans l'ordre inverse, en commençant par la phase finale, qui représente le but d'un yoga intégral, tel que le Kriya Yoga de Babaji.

1. *Soruba samadhi* ou, selon Sri Aurobindo, la transformation supramentale de l'être et de la nature est l'objectif.
2. Ceci est précédé par une longue période de transformation, qui :
   (a) remplace la vision et les motivations égoïstes ordinaires des choses par une conscience yogique intérieure ;
   (b) s'approfondit avec la découverte de notre être psychique voilé et sa lumière. Sous sa gouvernance, il rend psychiques nos parties

intérieures et extérieures, transformant tous les mouvements du physique, du vital et du mental en instruments conscients de l'âme ;

(c) fait descendre en nous la Lumière, la Force, la Pureté et la Connaissance divines qui dissoudront l'ego, qui permettront la réalisation du Soi et l'acquisition d'un mental, d'un coeur, d'une force de vie et d'un physique universellement spirituels.

3. Cela ne peut se produire qu'après le réveil de l'être psychique, le rendant actif dans le champ extérieur de notre vie et de notre conscience.
4. Ce réveil psychique doit être précédé par une sadhana qui tourne notre conscience vers l'intérieur, sur elle-même, où nous trouvons le centre psychique, la voix de notre âme et que nous entrons en communion avec elle.
5. Cette sadhana intérieure ne peut se produire que lorsque les mouvements du mental et du vital sont apaisés, calmés et purifiés de la manifestation de l'ego.

Cette transformation longue et difficile de notre nature humaine est chargée d'obstacles et de pièges posés par l'ego. Nous devons être vigilants et constamment faire preuve de discernement et de volonté. Les sadhakas du Kriya Yoga de Babaji ne cherchent pas à échapper au monde et à leur nature humaine, ni à fermer les yeux sur eux, ni à les rejeter en tant qu'illusions. D'autres chemins spirituels peuvent le faire, en particulier si leur but se limite à la libération du cycle de la naissance et de la mort ou à l'atteinte d'un soi-disant paradis. Ces chemins créent habituellement un clivage entre la vie dans le monde matériel et la dimension spirituelle et mènent le plus souvent à renoncer au monde.

En cherchant l'éveil de l'être psychique, le sadhaka est soutenu des manières suivantes :

- l'amour pur et la dévotion pour le Divin se développent ;
- nous sentons la présence constante du Divin, sans forme ou sous la forme de son *ishtadevata* ;

- nous recevons des indications intérieures et des signes extérieurs clairs de ce qui doit être fait ;
- le mental et le vital sont calmes, apaisés et clairs ;
- les parties inférieures de notre nature se détournent de leurs anciennes préoccupations et cheminent vers une conscience spirituelle plus élevée et les qualités inspirantes de l'amour, la beauté, la vérité, la sagesse ;
- à travers les pratiques rigoureuses, nous éprouvons la douce joie de l'âme ;
- nous recevons des avertissements au sujet des impulsions égoïstes et les reconnaissons comme des intrus indésirables. Par conséquent, nous arrivons assez facilement à les rejeter.

L'importance de cet appui ne peut être sous-estimée. Dans les mots de Sri Aurobindo :

> « On peut pratiquer le yoga et obtenir l'illumination de l'esprit et de la raison ; on peut conquérir des pouvoirs et s'offrir le luxe de toutes sortes d'expériences dans le vital ; on peut même obtenir d'étonnants Siddhis physiques ; mais si la véritable puissance de l'âme sous-jacente ne se manifeste pas, si la nature psychique ne vient pas en avant-plan, rien de véritable n'a été fait. »
>
> — Sri Aurobindo (***Lettres sur le Yoga***, p. 1095)

Puisque l'âme, l'être psychique, est le délégué interne du Divin, elle est également l'instrument de la Grâce Divine, toujours déployé pour nous guider et nous soutenir. Pour savoir si nous recevons son appui et ses conseils, cela dépend entièrement de notre réponse ou de notre absence de réponse. La grande tragédie est que nous ne répondons habituellement pas. Même lorsque nous le faisons, par la prière par exemple, le doute et les préférences personnelles remplacent notre assurance que le Divin connaît ce qui est le mieux et apportera le résultat nécessaire pour notre croissance en tant qu'âmes incarnées.

Afin d'utiliser habilement les techniques du Kriya Yoga de Babaji permettant de découvrir l'être psychique et le voir émerger comme maître de notre nature, nous devons comprendre l'importance d'apaiser les mouvements du mental et du vital, en plus d'utiliser la raison, qui aspire à connaître la vérité et la volonté du Divin. Nous ne pouvons pas espérer entendre les messages de notre âme, transmis par son agent, l'être psychique, lorsque notre esprit et nos émotions sont agités. Généralement, les préférences et les habitudes du mental, du vital et du physique détournent l'influence de l'être psychique et font en sorte qu'il s'égare. La lumière du psychique au centre de notre être est cachée par la confusion créée par notre nature humaine inférieure.

Lorsque nous avons une compréhension claire des objectifs, l'être psychique émerge avec l'aide de la pratique régulière des techniques enseignées à la première initiation. Elles produisent le calme, la relaxation, accroissent l'énergie et le bien-être dans les dimensions physique, vitale et mentale de notre existence. Lorsque nous appliquons le quatrième dhyana kriya, *Arupa Dhyana Kriya*, aux questions, aux problèmes ou aux situations de notre vie, *vijnanamayakosha* (notre corps intellectuel) devient un instrument inspiré de notre vrai Soi, notre âme, amenant les conseils que nous cherchons. Alors, les conseils que nous cherchons viennent. Ces Kriyas apaisent l'agitation du mental et neutralisent ses mouvements et préférences habituels.

Alors que ces mouvements perturbés sont neutralisés, que nos préférences et nos aversions s'atténuent, nous commencerons à réaliser que le psychique envoie dans notre conscience externe beaucoup d'indications sur ce que nous devons faire et sur ce que nous devons éviter. Ces messages ne sont pas simplement des souvenirs de certaines injonctions morales. Ils sont le résultat d'une sensibilité à tout ce qui est bon, vrai, beau, aimable et inspirant. Nous acquérons une soif pour ces derniers et nous détournons de tout ce qui limite ou nie leur présence.

Nous ne devons pas interrompre le flux des messages du psychique avec des doutes, des questions, des débats et des craintes. Si les messages ne viennent pas, c'est soit parce que le calme dans le mental et le vital n'est pas suffisamment établi ou parce qu'ils s'opposent aux souhaits et aux préférences auxquels nous sommes attachés. Nous devons vouloir le Divin pour Lui et pas pour ce qu'Il peut nous donner. Nous devons vouloir seulement ce que le Divin veut. Nous devons chercher à connaître seulement ce que le Divin veut que nous connaissions. À ce moment-là seulement, nous serons libérés des préférences, la maladie de l'ego.

En outre, les messages peuvent être bloqués en raison des défauts suivants : l'égoïsme, le désir, l'ambition ou toute autre faiblesse qui est excessive ; la confusion mentale ; une insuffisance de force de vie ou une difficulté d'en équilibrer son utilisation et l'excès de confiance du mental à agir dans sa propre petite lumière. Si ceux-ci sont présents, nous devons d'abord nous débarrasser de ces défauts en faisant un examen de conscience sincère et en utilisant habilement le Kriya Yoga de Babaji.

En un mot, les traits positifs qui encourageront l'émergence de l'être psychique sont selon Sri Aurobindo :

> « La pureté, la sincérité simple et la capacité de s'offrir, et ce, sans ego, sans prétentions ou exigences, sont les conditions d'une ouverture entière de l'être psychique. »
>
> — Sri Aurobindo (***Lettres sur le Yoga***, p. 1099)

Si nous cultivons ces conditions, avec l'aspiration pour le Divin et avec la foi dans le Divin et sa Grâce plutôt que de compter sur nos propres efforts, l'être psychique émergera. Nous pourrons identifier son émergence par les signes suivants : une joie inconditionnelle, un sentiment que sa vie progresse continuellement dans la sagesse, un discernement guidant les mouvements des corps mental et vital, diminuant les humeurs comme le découragement, une confiance grandissante dans le Divin et sa providence, l'amour qui est universel, la générosité envers les autres et la disparition de la haine et de l'irritabilité. Les difficultés deviennent des occasions pour se tourner vers le guide intérieur et recevoir la Grâce.

Quand l'être psychique, l'agent de l'âme, vient au premier plan de notre conscience, il révèle tout ce qui, dans notre nature, résiste au Vrai, au Bon et au Beau. Il nous guide vers la Joie, la Lumière, l'Amour, préparant notre conscience aux étapes décrites ci-dessus. Combien de temps cela prendra-t-il ? Cela dépendra des résistances et de l'obscurité qui demeurent en nous. En fin de compte, ce n'est pas ce que nous savons, ni la façon dont nous exécutons un asana, ni la facilité avec laquelle nous pouvons nous concentrer ou méditer qui, finalement, détermine l'éveil de l'être psychique et la réalisation de notre potentiel spirituel. Plus que toute autre chose, c'est la sincérité de notre aspiration pour le Divin.

ॐ CHAPITRE 10 ॐ

Ils ne sont pas deux

Sur le chemin spirituel, nous nous posons beaucoup de questions concernant l'existence et la nature de Dieu et le genre de relation ou d'expérience que nous pouvons avoir avec un Être Suprême. Si nous sommes à même d'apprécier une perspective qui transcende les concepts souvent étroits de la religion et les dissensions inhérentes à la religion et l'intellect, alors ceci devient plus facile. En effet, les mystiques affirment que c'est seulement lorsque le mental devient silencieux que les questions sont résolues et que la sagesse s'éveille.

Dans la tradition du yoga, les mystiques connus sous le nom de Siddhas du Yoga ont partagé d'inestimables conseils sous forme de versets poétiques. Afin de forcer les lecteurs à abandonner des perspectives et valeurs traditionnelles, ils utilisent souvent un langage qui est paradoxal ou ironique. Tout comme les paraboles de Jésus, les versets peuvent même choquer le lecteur.

Mon professeur, Yogi Ramaiah, m'a permis d'apprécier les textes des Siddhas, et c'est l'un des plus grands cadeaux qu'il m'ait fait. Dans toutes les réunions avec ses élèves, il commençait avec un chant en hommage aux 18 Siddhas, suivi par le chant d'un verset de quatre ou six lignes provenant de l'un de leurs poèmes. Il le traduisait en anglais et donnait une conférence sur ce verset. Son inspiration était tellement grande, qu'à certains moments, il rayonnait véritablement comme si un grand Être parlait à travers lui. Il insistait pour que dans le cadre de notre *sadhana* nous lisions, chantions et ensuite méditions sur un verset tous les jours. J'ai continué à le faire avec passion. Pour nourrir ma pratique, j'ai trouvé, traduit et publié ces poèmes. Ils sont devenus une grande source de sagesse et d'inspiration dans ma pratique du Kriya Yoga de Babaji pour affronter les défis quotidiens et résoudre les grandes questions philosophiques de la vie.

Les versets suivants proviennent de poèmes du Siddha Idaikadar. Il était berger et vivait sur la montagne sacrée Arunachala, devenue plus récemment célèbre parce que le sage Ramana Maharshi y a habité. En tant que berger, il a souvent parlé de « vache » dans ses poèmes, parce que le mot « vache » en tamoul (*pasu*) veut dire l'âme individuelle. Dans la théologie du Saiva Siddhantha, il y a trois réalités : *pati*, *pasu*, et *pasa*, soient le Seigneur, l'âme et les entraves ou les attachements à l'existence dans le monde. Il y a trois pasas : *avidya* (l'ignorance de notre vraie identité), *karma* (les conséquences de nos pensées, paroles et actions passées) et *maya* (l'illusion mentale).

> Méditez sur l'omniprésent, oh ! Vache ! Et vénérez-Le.
>
> Si vous le faites, oh ! Vache ! Vous atteindrez l'état suprême et y resterez tout le temps.
>
> — Idaikkattuccittar («Narayanakkon Kurudal», verset 34 ; ***The Yoga of the 18 Siddhas: An Anthology***, p. 378)

En restant totalement présents même entourés par le tourbillon de la vie et en nous concentrant sur l'Être, lui-même, à tout moment, nous pouvons non seulement atteindre l'état de la réalisation du Soi, mais aussi y demeurer.

> Si vous pouvez chercher les pieds du Seigneur nuit et jour, oh ! Vache !
>
> L'état de réalisation viendra à vous et vous verrez Celui qui est Parfait, oh ! Vache !
>
> — Idaikkattuccittar (« Narayanakkon Kurudal», verset 35 ; ***The Yoga of the 18 Siddhas: An Anthology***, p. 378)

Le mot « pieds » symbolise la présence du Seigneur. L'omniprésence impersonnelle du verset précédent est décrite ici comme un Seigneur personnel, dont les pieds peuvent être touchés. Idaikadar fournit l'assurance de la cause à effet et le résultat final, la recherche « des pieds du Seigneur ». L'âme, pour sa part, doit faire le chemin. L'effort de l'âme doit être continu et ininterrompu. Ce n'est qu'à ce moment, que le résultat se produira automatiquement.

> À part l'aide de Dieu, oh ! Vache ! Il n'y a rien d'autre ;
>
> L'âme de l'âme, oh ! Vache ! Sont les pieds du Seigneur.
>
> — Idaikkattuccittar («Narayanakkon Kurudal», verset 38 ; *The Yoga of the 18 Siddhas: An Anthology*, p. 379)

L'aide ou la grâce et l'amour de Dieu, décrits dans le verset précédent, sont les conditions essentielles pour la réalisation du Soi. Ce verset exprime la philosophie des Siddhas à propos de notre relation avec le Seigneur, qui se résume par l'énonciation *Ils ne sont pas deux*. « L'âme de l'âme » veut dire que tout ce qui existe dans le monde « n'est rien d'autre » que l'âme.

Selon les Siddhas, le Seigneur, ou pati, ne peut être limité par aucune description. Le Seigneur est l'Abstraction Suprême et on le désigne par *Il*. Le Seigneur est la conscience suprême et la conscience est ce que l'âme et le Seigneur partagent. La fondation de notre être est la conscience, qui est le témoin des mouvements du mental et de l'expérience des cinq sens.

Ils ne sont pas deux veut dire que le Seigneur est réel. Cela est significatif cependant, car il affirme que l'existence humaine de l'âme incarnée, avec la souffrance et le drame qui s'ensuivent, est aussi réelle. Et parce que c'est réel, nous ne devons pas y renoncer ni la négliger, mais plutôt l'apprécier et en faire sa sadhana. C'est une perspective unique dans la philosophie indienne.

L'Advaita Vedanta (non-dualiste), la perspective philosophique dominante en Inde depuis l'époque de Adi Shankara (788 - 820 ap. J. - C.) dit que seul Brahman est réel et que tout le reste est illusoire, maya. Cela est résumé par les *mahavakyas* (grands proverbes) : *tat twan asi* (Vous êtes Cela) et *Aham Brahman* (Je suis Brahman). D'un autre côté, les Siddhas ont enseigné que le développement spirituel doit être autant horizontal que vertical. Il doit, par conséquent, inclure le *siddhi* (la transformation, la perfection) de notre nature humaine.

J'ai demandé à Yogi Ramaiah si le libre arbitre existait ou pas et il m'a répondu que notre libre arbitre apparent est limité et qu'il existe jusqu'à un certain point. Il le compare avec la corde ou l'entrave et le poteau ou pasa auquel la vache ou la chèvre est attachée. Dans les limites du rayon, qui équivaut à la longueur de la corde, la vache est libre de bouger, mais pas plus loin. De façon analogue, la liberté de l'âme individuelle est proportionnelle à la transcendance aux liens d'avidya (l'ignorance) du karma et de maya. Alors que nous devenons conscients de ces pasas et de leurs manifestations en tant qu'égoïsme, attachement, aversion et habitudes et que nous lâchons prise sur eux, nous trouvons la vraie liberté dans la présence du Seigneur.

> Que vous puissiez vénérez dans le cœur, le soleil,
>
> Celui qui est au-delà du mental, de la parole et du corps.
>
> — Idaikkattuccittar («Palarodu Kilattal», verset 48 ; *The Yoga of the 18 Siddhas: An Anthology*, p. 380)

Ce verset décrit également le Seigneur en tant qu'abstraction suprême, au-dessus de toutes descriptions, qui pénètre tout. *Il* peut être ressenti et réalisé, mais ne peut être décrit, alors les métaphores sont requises. Il utilise le mot « soleil » pour parler du Seigneur, dont l'éclat est au-delà de la compréhension humaine, mais qui peut être expérimenté en tant que pouvoir et lumière de la conscience qui illumine tout. Il souligne aussi le besoin de vénérer le Seigneur intérieurement par la méditation afin d'être conscient de *Ce* qui est conscient !

> Que vous puissiez capturer dans votre mental la lumière du soleil
>
> Qui a transcendé les phases du temps et vénérez-le sans relâche.
>
> — Idaikkattuccittar («Palarodu Kilattal», verset 49 ; *The Yoga of the 18 Siddhas: An Anthology*, p. 381)

Cela décrit le yoga de l'éveil constant à la lumière de la conscience d'où tout émerge et où tout retourne. Son objet de méditation, la lumière du soleil, peut donner naissance à l'expérience mystique commune « de la grande lumière blanche ».

> Puissiez-vous vénérer le Seigneur, Le premier parmi la trinité, les trois fruits,
>
> Le sucre, l'ambroisie et celui qui est vénéré par les cieux.
>
> — Idaikkattuccittar («Palarodu Kilattal», verset 51 ; ***The Yoga of the 18 Siddhas: An Anthology***, p. 381)

Ici, la douceur que suggère « les trois fruits » et « le sucre » évoque que l'expérience de la communion avec le Seigneur est douce, ou merveilleuse, et que l'on peut réaliser le Seigneur en méditant sur la douce béatitude et en la manifestant de plus en plus dans nos vies. Alors, le Seigneur est accessible.

> Comme la rosée s'évapore sous les rayons du soleil
>
> Laissez le karma antérieur être enlevé ;
>
> Vénérez le Seigneur avec Son épouse à sa gauche
>
> Et atteignez la libération, oh ! Berger !
>
> — Idaikkattuccittar (verset 8 ; *The Yoga of the 18 Siddhas: An Anthology*, p. 366)

La première ligne suggère que « rayons du soleil », intelligence ou conscience sont capables de dissoudre sans efforts les karmas causés par le désir et l'aversion. La troisième ligne suggère que le Seigneur est « énergie consciente », inséparable de Sa création, et qu'en se concentrant sur *Lui*, sans égoïsme, *Il* brillera de l'intérieur et nous vivrons en équanimité.

> Je retiendrai, dans mon mental l'éclat de Siva,
>
> Le nectar, le miel pur, l'élite qu'est la terre et les autres,
>
> L'un évolue en cinq, la fameuse lumière du ciel,
>
> Et l'océan du bonheur, et vivrai toujours avec.
>
> — Idaikkattuccittar (verset 11 ; *The Yoga of the 18 Siddhas: An Anthology*, p. 367)

L'une des métaphores préférées des Siddhas pour décrire l'indescriptible Seigneur est vettaveli (vaste étendue lumineuse ou lumière du ciel). Nous le retrouvons à l'intérieur de nous-mêmes en tant qu'éclat de conscience du Soi. « Les cinq » font référence aux cinq éléments de la nature.

Brahman est comme le ciel, le vide ;
Ceci bien compris et vénéré
Est la clef du salut pour l'âme incarnée ;
Il ne peut en être autrement, oh ! Berger !
— Idaikkattuccittar (verset 2 ; *The Yoga of the 18 Siddhas: An Anthology*, p. 364)

En réalisant Brahman, l'âme est définitivement libérée du besoin de se réincarner et de la souffrance qui l'accompagne. Brahman est au-delà du ciel et est, en effet, *sunya* (le vide). Mais sunya n'est pas le vide. Il est la plénitude. Il inclut tout, mais il s'étend au-delà et demeure libre. Cela fait référence à une dimension ouverte, qui n'est pas limitée par des concepts et qui est au-delà de la matrice espace-temps. C'est l'absence de subjectivité et d'objectivité.

Méditer sur les versets des Siddhas est une initiation en soi. La vérité se révèle lorsque nous regardons vers *Cela*, là où les mots nous dirigent. Nous suggérons aux initiés d'utiliser *Babaji Samyama Kriya*, le septième Kriya dhyana, pour trouver le sens caché de ces versets des Siddhas.

ॐ CHAPITRE 11 ॐ

Vaste étendue lumineuse : vettaveli

« À la fin demeure le silence,
où est le guru ? Où est Brahman ? Il n'y a rien.
Lorsque la connexion se produit, où est la grâce ?
Dans l'espace non créé, il n'y en a pas.
En attendant à Ses pieds et en discutant avec les Siddhas,
(L'aspirant) a la vision d'après avoir traversé le *mula* ;
Et les cinq montagnes (*muvancu varai*) comprennent l'ultime.
À ce moment-là seulement il sera appelé le fils d'Agastya. »

— Dhanvantri Jnanam (verset 10, *The Yoga of the 18 Siddhas: An Anthology*, p. 471)

Le yoga n'implique pas seulement de lâcher prise sur les fausses identifications avec ce que nous ne sommes pas, mais il demande aussi qu'on se rappelle « Qui je suis » à la base de mon être, dans la réalisation du Soi et de Dieu. La pratique du souvenir du Soi peut prendre plusieurs formes comme poser les questions « Qui suis-je ? » ou « Qui est celui qui souffre ? » et laisser ces questions nous permettre de tourner notre attention vers l'intérieur. Les Siddhas du Yoga prescrivent une méthode plus directe : se concentrer sur un point de lumière, connu sous le nom de *bindu* ou sur la syllabe sacrée *Aum*, particulièrement entre les sourcils, et ensuite permettre l'expansion de sa conscience. Le résultat de cette pratique est la réalisation de *vettaveli* (vaste étendue lumineuse).

Dans le but d'inspirer les autres à réaliser le Divin et à transformer l'ignorance de la nature humaine, les Siddhas évitent toutes références à un Dieu avec un nom, une forme ou une personnalité. Il n'y a nulle part dans les écritures des Siddhas la mention de dieux, de déités ou d'une personnalité divine. Pour les Siddhas, Dieu est l'abstraction suprême au-delà du nom et de la forme. Définir Dieu, ou toute autre chose, c'est le limiter. Alors comment peut-on limiter avec des mots ce qui est sans limites ? Néanmoins, les Siddhas cherchaient à inspirer les autres à réaliser l'Être Suprême par la pratique du Kundalini Yoga et par vettaveli.

Dans ce verset du Siddha Dhanvantri, le « silence » fait référence à la syllabe mystique *Aum*, parce qu'on ne peut la saisir en tant que concept ou par la discussion, mais seulement dans le silence, qui est l'éloquence perpétuelle. « La fin » fait référence au chakra *sahasrara* qui se situe au sommet de la tête, là où il n'y a plus de relations. Les relations entre le guru et le disciple, et entre Dieu et le dévot se terminent dans l'unité. « L'espace non créé » fait référence à vettaveli, qui est la métaphore préférée des Siddhas pour décrire l'Absolu indescriptible, vaste étendue lumineuse. C'est un tout alogique non déterminé par aucun ensemble de relations. Bien qu'aucune quantité de mots ne puisse le définir, il est possible de le réaliser avec les conseils du guru dans la pratique du Kundalini Yoga comme prescrit par les Siddhas.

Dans les lignes qui suivent, il mentionne les éléments essentiels pour réaliser vettaveli : l'apprendre en présence du guru (« à ses pieds »), éveiller l'énergie dans le chakra muladhara et la diriger mentalement vers le haut au travers des cinq chakras supérieurs jusqu'à ce qu'elle atteigne le chakra sahasrara. S'unissant à cette Réalité Absolue et profitant de sa béatitude, on mérite d'être appelé le « fils d'Agastyar », c'est-à-dire d'appartenir à la tradition du Siddha Agastyar.

Vettaveli fait référence à l'état de béatitude du samadhi, l'espace de la conscience, de la présence transcendantale, la conscience d'Être en soi. C'est « l'endroit » où les pensées tombent, l'une après l'autre, jusqu'à ce que notre conscience ne soit plus qu'un espace vide. Cela représente l'absence de subjectivité et d'objectivité. Cela représente l'émergence du temps. C'est l'éternel maintenant. C'est l'endroit où l'on transcende le passé, le présent et le futur. C'est un état qui est inaccessible à la perception sensorielle ; un état sans marques distinctives, un ciel sans taches. Vettaveli est la libération et la vraie liberté. Lorsque l'on répète le mantra *va* et *si* durant le pranayama, on réalise la présence de Sivam, le Seigneur, dans ses modes statiques et dynamiques, et les six chakras inférieurs s'ouvrent (fait référence au « mula » et les « cinq montagnes »), révélant vettaveli ; espace de liberté, libération. C'est de « cette Vérité, le soleil au repos dissimulé dans la noirceur » de l'ignorance dont le Rigveda parle : *tat satyam suryam tamasi ksiyantam*.

C'est la source de la création, la préservation, la dissolution, l'obscurcissement et la grâce, qui sont les cinq fonctions du Seigneur selon les Siddhas :

> Il est sans forme, sans défauts, irradiant et omniprésent,
> Toujours béat, au-delà des mots, et la lumière intérieure
> de ceux qui l'ont connu,
> L'Un, se divisant en Brahma, Vishnu et Siva, crée, maintient
> et détruit l'univers en entier.
> Comme une colonne de lumière qui est la Libération, Il est,
> Puissent les pieds du Divin protéger.
>
> — Paambatticcittar (« Aphorisms of Wisdom », verset 1 ; ***The Yoga of the 18 Siddhas: an Anthology***, p. 475 – 76).

Le Siddha Boganathar dit :

> Il n'y a rien d'autre que l'espace universel et éternel.
> Débranchez l'affiliation des religions aboutissant à l'ignorance spirituelle.
> Avec étonnement, faites un avec l'Absolu.

Expérimentez et savourez le nectar célébré.

— Boganathar (« Ashtanga Yogam », verset 14 ; ***The Yoga of Siddha Boganathar, volume 1***, p. 210 – 11)

Boganathar nous dit que finalement il n'y a rien d'autre que le sans forme, la conscience béate, vettaveli. Le terme vettaveli est étroitement associé au mot bindu (point, semence ou point de départ), qui est le point de départ de la concentration dans le déploiement de l'espace intérieur en méditation. Il se peut que la référence à la « religion » soit en lien avec l'image du Suprême dans la forme de la déité choisie, lequel choix semble déterminé à séparer l'individu de Dieu. Cela illustre l'affirmation que même la concentration ou la méditation profonde sur une déité ne mènera pas à la libération. L'étape finale doit se produire lorsque les images disparaissent et que la concentration et la méditation profonde sont sur l'Être Suprême sans forme. On le retrouve à l'intérieur de nous en tant que conscience lumineuse de soi. Concentrez-vous sur un point de lumière entre les sourcils, fermez les yeux et expérimentez *Cela*.

ॐ CHAPITRE 12 ॐ

Cette maya divine

« Par ces trois sortes de façons d'être qui sont dans la nature des gunas, ce monde en entier est déconcerté et ne Me reconnaît pas, Moi, le suprême au-delà d'eux et impérissable. »

— *Bhagavad Gita*, VII.13

Vous, qui aspirez à réaliser la Vérité de votre existence, devez comprendre le principe de la nature appelé *maya*. C'est le pouvoir de l'illusion mentale par lequel l'Un apparaît comme plusieurs, par la séparation à l'intérieur de Soi du sujet (celui qui Voit) et de l'objet (ce qui est Vu). Ce pouvoir, qui agit sur votre corps, vos organes des sens et votre mental, obscurcit votre vision de la Présence divine. Les *gunas* dont on parle dans le verset ci-dessus sont les modes ou les qualités de la nature : *rajas* (l'action, le mouvement, la passion, l'agitation), *tamas* (l'inertie, le doute, la confusion) et *sattva* (l'équilibre, le calme, la compréhension éclairée).

Tous les jours vous oscillez comme un pendule entre rajas et tamas, l'agitation et l'inertie. C'est seulement durant de rares moments de calme, lorsque sattva prédomine et que vous transcendez la dualité, que vous pouvez commencer à percevoir la Présence, infinie et éternelle, au-delà des drames de votre vie quotidienne. Autrement, captivé par le jeu de maya, vous courrez, poussé par rajas, après quelques moments passagers de bonheur dans des objets de désirs matériels et non matériels. Pressé par le temps, poussé par les habitudes, qui sont les conséquences de vos actions passées, vous courrez après le pouvoir, l'argent et le succès. Ou bien vous vous effondrez en tamas, dans la fatigue, le doute et le découragement. Vous êtes un jouet pour les trois forces de Mère Nature, mais, aveuglé par l'égoïsme, vous croyez que de telles forces sont les vôtres.

Toutes les pratiques yogiques, tous les kriyas, ont comme but d'augmenter la présence de sattva et de diminuer celles de rajas et de tamas. Par exemple, lorsque vous surmontez la fatigue (tamas) par la pratique dynamique des postures ou des pranayamas. Vous pouvez surmonter l'agitation nerveuse (rajas) en pratiquant les respirations lentes et profondes, les postures de manière plus détendue ou par la méditation, en lâchant prise sur ce qui vous dérange, en développant l'intuition pour trouver la source de votre souffrance existentielle ou en cultivant la perspective du Témoin en méditation durant la vie quotidienne. En vous rappelant que cela est votre raison de pratiquer, votre yoga devient un chemin vers l'illumination spirituelle et la libération de l'illusion de maya.

Les agents de maya

Selon le Siddhantha (les enseignements des Siddhas), votre vision de la présence divine est obscurcie par les agents ou masques suivants de la maya de Mère Nature :

- *Raga* : la passion, le désir, le fait de s'agripper, l'attachement, l'aversion ; les préférences et les aversions anodines et importantes ; la recherche constante du bonheur émotionnel dans de nouvelles expériences, incluant les émotions de dépression, de tristesse, de peur, de colère, de désir, de fierté, de courage, d'acceptation et de paix. Oui, vous aimez parfois vous complaire dans des états émotionnels négatifs, croyant paradoxalement que si vous vous y adonnez suffisamment longtemps, ils vont provoquer un certain changement positif. Ou bien, ils sont comme la météo et vous ne pouvez rien y changer pour lâcher prise.

- *Vidya* : la connaissance partielle ; contrairement au Divin qui est omniscient. Parce que votre connaissance est limitée, restreinte par ce que vous percevez par les cinq sens, la mémoire active ou par déduction, vous êtes incapable d'avoir une vue d'ensemble, c'est-à-dire de voir quoi que ce soit de la perspective du tout, du Divin. L'inconnu crée de la peur, du doute et un malentendu.
- *Niyati* : la loi karmique, le destin, l'opposé de l'éternelle liberté de l'Être Suprême ; vous n'avez aucune vraie liberté tant que vos pensées, vos paroles ou vos actions sont contraintes par les habitudes, les *samskaras*, dont la totalité crée votre karma individuel. Le destin limite vos meilleurs efforts et intentions.
- *Kaala* : la croyance que vous êtes limité par le temps. Le Divin vit dans l'éternité, mais vous sentez que vous manquez de temps pour faire ce qui vous est demandé ou exaucer les désirs de l'ego. Vous vivez dans la peur de la mort, de la fin des temps. Vous vous sentez stressé par le manque de temps ; inversement vous souffrez d'ennui lorsque vous ne savez pas quoi faire de votre temps.
- *Kalaa* : veut dire partie ; dans ce contexte, fonctionnement partiel ou activité limitée ; pouvoir limité. Contrairement au Divin, dont le pouvoir est omnipotent, votre pouvoir est restreint par les conséquences de vos pensées, vos paroles et vos actions, vos succès et vos échecs.

Par conséquent, vous n'appréciez pas l'Unité, l'observance transcendantale dans cela qui est au-delà des noms et de la forme, au-delà de toutes limitations dans le temps et l'espace. Plutôt, vous cherchez constamment à éviter la souffrance existentielle, alors qu'elle se manifeste par des états émotionnels variés, essayant de l'éviter tout en pourchassant de nouvelles expériences, des sources éphémères de plaisir temporaire, petit ou grand. Vous êtes affligé par des doutes, vous vous sentez seul. Vous vous sentez limité dans votre pouvoir de savoir et d'agir.

Les trois malas

Les Siddhas parlent de trois *malas* (taches ou entraves), qui restreignent l'âme : *avidya* (l'ignorance de notre vraie identité, l'égoïsme), *karma* (les conséquences des pensées, paroles et actions) et *maya* (l'illusion mentale). La purification de ces trois taches sur notre âme est le but de la pratique du yoga.

Maya ne veut pas dire que le monde de la nature est inexistant ou qu'elle n'aborde que la non-réalité, mais plutôt que la nature inférieure, agissant par ses modes, ou gunas, déconcerte vos connaissances, crée des valeurs fausses, vous enveloppant dans l'ego, la mentalité, la sensation physique, l'intelligence limitée, et vous cache la vérité suprême de votre existence. Cette maya illusoire obscurcie la divinité que vous êtes, l'esprit infini et impérissable.

Si vous pouviez réaliser que le Divin est la vraie vérité de votre existence, tout le reste serait embrassé par cette vision et assumerait son vrai caractère, et votre vie et vos actions acquerraient les valeurs divines et se déplaceraient en harmonie avec la loi de la nature divine.

Pourquoi cette maya est-elle si difficile à surmonter ?

Parce que c'est encore la maya du Divin. Elle est en soi divine. Divisée dans ses aspects cosmiques inférieurs, subjectifs et objectifs – sattvique, rajasique et tamasique - elle est un développement évolutionnaire de la nature divine.

> Ceci est ma maya divine des gunas, et c'est difficile à surmonter ; seulement ceux qui vont au-delà d'elle viennent à Moi.
>
> — *Bhagavad Gita*, VII.14

C'est un voile cosmique, dont la divinité s'est enroulée autour de votre compréhension. Vous devez démêler tout cela et trouver des solutions en vous, abandonner votre nature inférieure et vous tourner vers la divinité originale et suprême.

La *Bhagavad Gita* ne souscrit pas à la vision du *Vedanta* qui dit que le monde est une illusion, onirique, et qu'il paraît réel seulement lorsqu'on ne le regarde pas de la perspective du soi spirituel. La Gita ne fait aucune mention des difficultés logiques énormes d'une telle idée, dont l'inefficacité à expliquer l'origine de l'illusion. Elle raconte seulement que le monde n'est qu'une conscience partielle, mystérieuse et incompréhensible, qui ne peut pas englober la réalité complète. Il est malmené par le phénomène de la Nature mobile ; il est incapable d'apercevoir l'Esprit de qui Elle est la Puissance active.

Lorsque vous transcendez cette maya, dans le calme de votre âme, le monde ne disparaît pas, mais l'ensemble du cœur de sa signification change. Dans la vision spirituelle, vous ne découvrez pas que tout ceci n'existe pas réellement, mais que tout est, avec une signification très différente de ce que c'était auparavant : tout est le Soi, l'âme et la nature de la divinité, tout est *Vasudeva.* Selon la Gita, le monde est réel, une création du Seigneur, un pouvoir de l'Éternel, une manifestation de *Parabrahman* (l'Être Suprême), et même cette nature inférieure de la triple *maya* (je suis le corps ; je suis la personnalité ; je suis l'âme) provient de la nature divine suprême.

Il n'y a pas de refuge, par contre, dans cette distinction d'une double réalité : une réalité inférieure, active et temporelle, et l'autre supérieure, calme, immobile et éternelle, au-delà de l'action. Que la libération (de la souffrance ou la réincarnation) passe de la partialité du monde à cette grandeur divine, de l'action au silence, n'est pas réconfortant. *Parce que la Gita insiste sur le fait que vous pouvez et devriez, pendant que vous vivez, être conscient dans le Soi et son silence et pourtant agir avec force dans le monde de la Nature.* Elle donne l'exemple du Divin lui-même, qui n'est pas lié à la nécessité de naître, mais libre, supérieur au cosmos, et pourtant il demeure éternellement dans l'action. Par conséquent, c'est en endossant une ressemblance à la nature divine dans son intégralité que l'unité de cette double expérience devient entièrement possible.

Mais comment ? La Gita enseigne que vous serez facilement libéré des apparences de la nature inférieure et vous vous élèverez en un être divin, lorsque, établi dans l'égalité parfaite, votre vision se fixera sur ce qu'elle appelle *Purushottama* (la Divinité Suprême). C'est *Ishvara,* le Soi exceptionnel, aucunement affecté par les désirs, par les causes de la souffrance, pas même le karma. C'est aussi l'âme de toutes les âmes, le Soi immuable de toutes les âmes, qui n'est pas lésé par le pouvoir de ce qu'il deviendra, non perturbé par le jeu des gunas. Cela s'exprime par l'image de Shiva couché sur le dos avec Kali (la Mère Nature, maya) debout au-dessus de lui avec un pied relevé, *mais ne le touchant pas.*

Étant supérieur à l'esprit changeant et immuable, cet Être Suprême est imminent et soutient la création de la nature (*Bhagavad Gita*, XV.17-18). Examinons l'analyse de *Prakriti* (la Nature) et *Purusha* (l'Esprit) de la Gita. À l'origine, le Samkhya, le système philosophique du yoga classique, fait référence à Purusha au singulier. Les *Upanishads*, origine du yoga védantique, décrivent, dans un verset, deux Purushas comme deux oiseaux sur un arbre, compagnons éternellement unis. Un, le Purusha dans la Nature qui a du plaisir dans son cosmos, mange les fruits de l'arbre. L'autre, le Témoin silencieux, observe son camarade et s'abstient du plaisir. Lorsque le premier voit le second et sait que tout est sa grandeur, alors il est libéré du chagrin.

Cette image démontre que le Soi, dans son statut supérieur d'unité, est toujours libre, inactif, détaché. Dans son être inférieur, il descend dans la multiplicité des créatures de Prakriti et se retire par réversion dans n'importe quelle créature individuelle de statut supérieur. Cela explique le statut double de l'âme consciente : (a) le Purusha changeant dans la nature, les transformations différentes de l'âme et la multiplicité du Divin ; et (b) le Purusha immuable et immobile, le Soi silencieux, l'unité de l'Être divin, le Témoin de la Nature, mais qui n'intervient pas dans ses mouvements, libre de Prakriti et de son œuvre.

À ces deux principes, la Gita, voulant développer la pensée d'autres passages dans les *Upanishads*, en rajoute pourtant un autre : le suprême, Purushottama (le Purusha supérieur), dont la grandeur est sa création, qui possède la multiplicité changeante et l'unité immuable. Cela révèle qu'il y a une Nature supérieure, consciente et divine, par laquelle le Seigneur devient le *Jiva* (l'âme individuelle). Dans la nature inférieure, chaque individu apparaît comme étant l'ego ; dans la nature supérieure, vous êtes Purusha. En d'autres mots, la multiplicité fait partie de la nature spirituelle de l'Un. Cette âme individuelle est moi-même ; dans la création, c'est la manifestation partielle de Moi.

> C'est une portion éternelle de Moi qui devient le Jiva dans le monde des créatures vivantes et qui cultive les pouvoirs subjectifs de Prakriti, le mental et les cinq sens.
>
> — *Bhagavad Gita*, XV.7

Cette idée du Purushottama est la fondation du plus haut Bhakti Yoga, qui affirme dépasser les définitions rigides de la philosophie moniste. Par l'adoration du Puroshottama et l'union avec Lui, vous pouvez intégralement prendre plaisir à sa nature divine.

Pourquoi Dieu, qui est bon, permet-il autant de souffrance dans le monde ?

Lorsque vous observez les drames de la vie de la perspective de l'ego, ce doute souvent répété devient une énigme. Lorsque vous comprenez que la souffrance se produit à cause du pouvoir de maya à tromper votre mental, et lorsque vous commencez à observer les drames de la vie d'après la perspective du Soi Témoin, alors vous commencez à apprécier l'enseignement des Siddhas qui dit que tout est une expression de la Grâce du Seigneur. Rien ne se produit pour le vrai Soi. Le vrai changement dans le monde peut seulement se produire en raison d'un changement de conscience des masses d'individus. En raison de la nature humaine, ceci peut se produire seulement si l'humanité surmonte une multitude de défis difficiles et douloureux et des événements critiques de masse. « La souffrance est le plus grand professeur », parce que nous apprenons lentement.

Lorsque l'imprévu se produit, posez la question « Qui souffre ? ». Cette question vous ramènera immédiatement dans la perspective du Soi Témoin. Oui, il peut y avoir de grandes douleurs dans le corps physique et le cœur émotionnel. Il peut y avoir de la déception, de la peur, de la colère, de la frustration et de la rage. Mais la vérité est que vous n'êtes pas la douleur, ni les émotions. Vous êtes le Témoin. Ils vont et viennent, mais vous demeurez le Témoin éternel. Vous avez en vous le potentiel de puissance et la conscience (*kundalini*) d'aimer plutôt que de haïr, de créer ce qui est bon là où c'est mauvais, de trouver la Vérité dans ce qui est faux ou confus.

Les cinq pouvoirs divins

L'obscurcissement, l'un des cinq pouvoirs du Seigneur décrit dans le *Tirumandiram*, vous oblige à regarder au travers du voile de maya, à chercher le Seigneur au-delà des sens, et au-delà du fonctionnement des gunas. Les autres pouvoirs du Seigneur sont la *Création*, la *Préservation*, la *Dissolution* et la *Grâce*.

Selon le Siddhantha (les enseignements de la sagesse des Siddhas), le Seigneur crée les conditions dans lesquelles chaque âme individuelle peut s'incarner et travailler ses conséquences et ses leçons karmiques. Il *préserve* la vie et certaines relations suffisamment longtemps pour que l'âme incarnée évolue en sagesse tout en faisant l'expérience des limites de l'égoïsme ; vouloir le plaisir et éviter la douleur. Il *dissout* ces conditions, incluant les relations, pour faire place à de nouvelles relations édifiantes pour l'âme et, à la fin de sa vie, permettre un repos des défis de l'incarnation. Il s'*obscurcit* ou cache sa Présence derrière les apparences du monde, afin d'obliger l'âme à chercher la sagesse et à transcender les limites de l'ego.

La *Grâce*, le cinquième pouvoir divin, est la réponse du Seigneur à l'appel de l'âme lorsqu'elle cherche à se libérer des souffrances de l'ego et à réaliser par le pouvoir de l'Amour son Unité avec tout. « Il ne vous donne pas toujours ce que vous voulez, mais ce dont vous avez besoin. » En réalité, la Grâce se manifeste au travers de tous les pouvoirs du Seigneur, incluant la création, la préservation, la dissolution et l'obscurcissement. La sagesse inclut la connaissance de cela et la perception des leçons potentielles avec ce que chacune des expériences peut apporter. Contrairement au karma, la Grâce est non méritée. Elle exprime l'amour du Seigneur pour tous et nous guide tous de la solitude à l'Unité. La Grâce est infiniment patiente et donne des possibilités illimitées d'apprendre des expériences de la vie. Qui nous sommes vraiment.

ॐ CHAPITRE 13 ॐ

Le Laya Yoga : le yoga de la dissolution

Aujourd'hui, le yoga est surtout présenté comme un moyen permettant d'améliorer la santé physique ou mentale. Cela est compréhensible dans notre culture matérialiste, mais celui qui cherche à réaliser le but originel du yoga, à savoir la réalisation spirituelle du Soi et la façon de surmonter la souffrance existentielle, a besoin de connaître les principes de la nature humaine et la *kundalini* ou le *Laya Yoga*, tels que conçus par les Siddhas du Yoga, qui sont à l'origine du yoga.

Le Laya Yoga est le yoga de la dissolution qui entraîne la cessation de l'identification habituelle avec le complexe corps-esprit qui aboutit à la réalisation de son vrai Soi. C'est une composante intégrale du Kundalini Yoga comme décrit dans la littérature tantrique des Siddhas. Le Kundalini Yoga fait référence aux différents *kriyas* (techniques pratiques de yoga), qui utilisent le *pranayama*, les *mantras*, les *chakras*, les *bandhas*, les *mudras*, les *asanas* du *Hatha Yoga* pour activer la kundalini, notre pouvoir potentiel et conscience. D'après la classification des *tattvas* (principes de la nature) du *Samkhya* (l'un des six systèmes philosophiques indiens), chacun des cinq *bhutas* (éléments) est associé à un chakra (centre psychoénergétique) différent et à une zone du corps :

1. L'élément de la terre, la substance matière, est associé au chakra *muladhara* (racine) à la base du torse, il est lié à l'instinct de survie. Il est caractérisé par l'inertie.
2. L'élément eau est associé au chakra *svadhisthana* qui est situé au niveau du coccyx. Il concerne les émotions.
3. L'élément feu est associé au chakra *manipura*, situé à l'opposé du nombril. Il est lié au désir, à la perception sensorielle, au système nerveux autonome et au mental inférieur.
4. L'élément air est associé au chakra *anahata* (centre du cœur) et au chakra *vishuddi* (centre de la gorge). Il est lié à l'intellect, la raison et la communication.
5. L'élément espace ou éther est associé au chakra *ajna* (entre les sourcils) et au chakra *sahasrara* (couronne de la tête). Il est lié à l'intuition et à la superconscience.

Les trois *malas* (entraves ou principes de limitation de la nature humaine) appelés *anava* (l'ignorance de notre vraie identité et l'égoïsme), *maya* (l'illusion) et *karma* (les conséquences des pensées, mots et actions, induites par les habitudes ou les *samskaras*), nous amènent généralement à nous identifier au corps physique, aux émotions et aux mouvements du mental et de l'intellect. Pour se purifier de l'égoïsme (l'habitude de s'identifier avec ce que l'on n'est pas), le yoga classique de Patanjali recommande le Kriya Yoga (*Sûtras du Yoga*, I.12), qui exige la pratique continuelle du détachement de ces mouvements afin de réaliser le Soi, la conscience pure du Témoin. Étant donné que peu de personnes sont prêtes à faire cette pratique en continu, il recommande et décrit l'*Ashtanga Yoga* à huit branches pour se préparer (*Sûtras du Yoga*, II.29).

Par la suite, les Siddhas ont expérimenté de nombreuses techniques psychoénergétiques pour activer la kundalini, réalisant que « la conscience suit l'énergie et l'énergie suit la conscience ». Ils ont découvert le principe de base du *Tantra* :

que la *transformation* de la nature humaine, à la différence de la fuite, nécessite de diriger la conscience et l'énergie des chakras inférieurs vers les centres supérieurs. Il s'agit d'un processus de sublimation du *bindu* (l'énergie sexuelle), liée au chakra muladhara, en *ojas* (énergie spirituelle), qui est associée au chakra sahasrara.

Dans la littérature des Siddhas, ce processus de sublimation est décrit comme une sorte d'alchimie interne. (L'alchimie est un processus ésotérique de transformation du métal, comme de transformer le plomb en or.) Les Siddhas nous disent que lorsque cette alchimie interne est achevée, le corps physique rayonnera comme l'or. Ils ont décrit la réalisation de la réalité ultime, qui en a découlé, comme *vettaveli* (vaste étendue lumineuse). L'espace, le cinquième élément, est illimité et pour cette raison, c'est une métaphore appropriée de *kaivalya*, (la liberté absolue), le titre du dernier chapitre des *Sûtras du Yoga*. Il inclut la liberté par rapport au désir, à l'égoïsme, au karma, à maya et aux attachements et aversions de toutes sortes.

Dans le but de surmonter ces obstacles considérables, les Siddhas ont développé et expérimenté de nombreux kriyas. Celui qui a déjà cherché à vaincre une mauvaise habitude ou à se débarrasser d'un attachement ou d'une aversion sait combien cela est difficile en raison de la résistance intrinsèque à notre nature humaine. Les Siddhas ont découvert comment tirer profit des qualités propres à chaque élément de façon à dissoudre ou sublimer un élément dans un autre progressivement.

1. Pour dissoudre la terre, par exemple, nous avons besoin d'eau. La qualité d'inertie et d'habitude de la terre est dissoute par les émotions positives de l'eau pour le changement, dont l'aspiration et la motivation et les kriyas, qui *bougent* le corps.
2. Pour transformer l'eau en vapeur, nous avons besoin du feu. La chaleur est produite quand il y a une résistance émotionnelle aux *yamas* (les principes sociaux du yoga) ainsi qu'une purification des désirs et aversions. Malgré la résistance, nous arrivons à éliminer les désirs et les aversions par l'application de notre volonté, ainsi que la persévérance,

avec la concentration et le contrôle mental, guidés par l'intelligence, la raison et la compréhension.

3. Pour éteindre le feu, nous avons besoin de l'air. Toutes les émotions sont instables et la plupart sont négatives. Au mieux, elles ne procurent que de petits mouvements éphémères de bonheur dans le corps vital. La pratique du pranayama (la respiration) permet de calmer les émotions.
4. Pour disperser l'air, nous avons besoin de l'espace, le cinquième élément. Lorsque l'on dirige sa respiration et sa concentration vers les chakras de la tête (ajna et sahasrara), nous pouvons cesser les mouvements du mental et entrer dans le silence du samadhi.

Les kriyas utilisés dans le Laya Yoga impliquent la pratique de la plupart des techniques du Kriya Yoga de Babaji : le *Kriya Kundalini Pranayama*, de même que les bandhas (les verrous musculaires), les mudras (les gestes psychoénergétiques), les dix-huit asanas du Kriya Hatha Yoga pratiqués en ayant conscience de leurs effets énergétiques et la méditation sur les chakras (la répétition des mantras pour les chakras et l'utilisation de ces mantras avec la visualisation et les asanas). Ces méthodes ne sont enseignées que lors des initiations, afin de pouvoir être apprises correctement et dans un ordre et un contexte appropriés. Elles entraînent le développement intégral dans les cinq plans de l'existence. À part ces pratiques, le Laya Yoga englobe d'autres aspects :

1. Un régime sattvique (calmant et équilibré).
2. Le respect des yamas ou contraintes sociales (*Sûtras du Yoga*, II.30) qui incluent :
   a. *Ahimsa* : ne pas faire de mal, en pensée, en parole et en action ;
   b. *Satya* : être une personne de confiance, en évitant l'exagération, ne parlant que lorsque cela est nécessaire et utile ;
   c. *Brahmacharya* : demeurer chaste en pensée, en parole et en action. Idéalement, cela inclut le célibat, ou l'abstinence d'activité sexuelle jusqu'à ce que vous soyez purifié du désir sexuel, que vous soyez

formé à vous engager dans une pratique sexuelle tantrique avec un partenaire et que vous soyez établi dans la conscience du Témoin ;

d. *Asteya* : ne pas voler. « La richesse vient à tous ceux établis dans le principe de ne pas voler. » (*Sûtras du Yoga*, II.37) ;

e. *Aparigraha* : l'avidité.

3. Entretenir l'*aspiration*, le *rejet* de ce qui résiste à la purification de l'égoïsme dans toutes ses manifestations et s'*abandonner* à l'Être Suprême. Pour les Siddhas, l'Être Suprême est l'abstraction suprême ou *Ishvara* (le Soi spécial). Patanjali dit que c'est cette partie en chacun de nous qui reste « intouchée par toutes les afflictions, les actions, les fruits des actions, ou par toutes les impressions du désir » (*Sûtras du Yoga*, I.24). L'aspiration est l'opposé du désir. C'est un appel de notre âme pour se libérer de toutes les manifestations de l'égoïsme (la luxure, la colère, l'orgueil et l'avidité) et réaliser l'Unité avec tout et le Vrai, le Bon et le Merveilleux.

4. La pratique du *Karma Yoga*, qui comprend le service ou l'acte compétent et désintéressé sans s'attacher aux résultats. Cela nous permet de canaliser l'énergie de la kundalini éveillée avec amour dans toutes les réalisations humaines et d'éviter les écueils de l'égoïsme spirituel, la poursuite des pouvoirs spirituels et d'autres manifestations de l'égoïsme.

Avec la connaissance, avec la pratique et avec la dévotion « ils viennent à Moi », dit Krishna dans la *Bhagavad Gita* (X:10). En souhaitant que chacun s'engage dans la pratique du Laya Yoga, avec amour dans son cœur et éclairé par la sagesse des Siddhas.

ॐ CHAPITRE 14 ॐ

Dieu est-il toujours dans le monde ?

Des évènements catastrophiques, tels que le tremblement de terre au Népal, les catastrophes aériennes et le terrorisme politique et religieux, qui tuent des milliers de gens innocents, peuvent faire vaciller notre croyance en Dieu. Il semble que chaque jour de mauvaises choses arrivent à de bonnes personnes, et nous nous demandons : « Comment il se fait qu'un Dieu tout puissant et bienveillant ne puisse empêcher de telles tragédies et pourquoi il ne se fait pas connaître au monde. » Avec le protagoniste dans le roman, *The Razor's Edge*, de Somerset Maugham, nous nous demandons « Pourquoi Dieu tout puissant et bienveillant a-t-il créé le mal ? » Un problème personnel de santé inattendu, une blessure grave ou la mort accidentelle ont le pouvoir de briser la croyance en Dieu de quelqu'un, surtout s'il concerne un être aimé, un enfant, un ami ou un membre de sa famille. Il est facile de succomber à la colère, au désespoir et au cynisme. Ceux qui ne croient pas en Dieu trouvent justification à leur croyance qu'« il n'y a pas de Dieu dans le monde ».

En général, les rationalisations données par les chefs religieux, les prêtres et les rabbins pour les souffrances de la vie ne sont pas satisfaisantes : « Dieu travaille de façon mystérieuse… Nous ne pouvons pas savoir pourquoi Dieu permet que de tels évènements tragiques se produisent. » Malheureusement, certaines personnes attachées à des doctrines religieuses particulières croient que des évènements tragiques arrivent à ceux qui ne partagent pas leurs croyances religieuses, ou que ce sont des punitions de Dieu pour ceux qui ont péché, ou pour ceux qui ne croient pas. D'autres, anéantis par la tristesse ou les écueils de la vie, peuvent se détourner de la religion. Même ceux qui ne sont pas religieux renoncent à chercher la vérité ou l'apaisement spirituel.

L'étude du yoga nous donne, cependant, l'énergie et la sagesse pour trouver des réponses éclairées à ces questions existentielles fondamentales. Il existe plusieurs voies yogiques pour révéler Dieu dans le monde.

Le Bhakti Yoga, le yoga de l'amour et de la dévotion, est le véhicule le plus facile et le plus direct. Un des plus célèbres dictons théologiques des Siddhas du Yoga est *Anbe Sivam* (l'amour est Dieu). De nombreux saints de différentes religions ont déclaré que « Dieu est amour », mais seuls les Siddhas l'ont exprimé de cette façon. Alors, à la question « Où se trouve Dieu lors d'un tremblement de terre ? », le bhakti yogi répondra immédiatement : « Dans le cœur et l'esprit de tous ceux qui ont répondu à cet évènement tragique avec amour, compassion et soutien à ceux qui souffrent. »

Le Karma Yoga, le service désintéressé. Le karma yogi agit pour alléger la souffrance d'autrui. Au début, vous pourriez penser que vous effectuez un service. Vous cherchez des opportunités pour faire le bien, créant du « bon karma » qui donne le bonheur, particulièrement aux autres, et qui peut compenser les effets du « mauvais karma », les conséquences douloureuses d'actions passées. Les actions qui sont réalisées comme un service, pour le bonheur des autres, mais sans attachement aux résultats, deviennent votre tapis de yoga, incluant le travail et les tâches ménagères, même les petits gestes envers les étrangers. Ensuite, à un état plus avancé, les karma yogis réalisent qu'ils ne sont pas ceux qui font. Ils sont seulement un instrument, le témoin. Au fur et à mesure que le témoin conscient se développe, vous ne sentez plus que vous faites quelque chose, car vous ne vous identifiez plus au corps et aux mouvements du mental. Vous comprenez de plus en plus comment les actions, les mots et les pensées amènent des conséquences, ou karma, et comment cette loi de karma peut être utilisée pour vous aider à partager le bonheur plutôt que de souffrir avec les autres. Avec cette nouvelle conception élargie du Soi, vous sentez que les besoins des autres sont aussi les vôtres.

Le Raja Yoga ou le yoga classique tel que Patanjali le présente dans les *Sûtras du Yoga*. Dans la méditation profonde, vous devenez conscient de ce qui est conscient. La conscience elle-même devient l'objet. Vous sentez que « je suis dans tout », et « tout est en moi ». Puis, progressivement, cette prise de conscience du Soi commence à s'infiltrer dans vos activités quotidiennes. La réalisation de Dieu s'approfondit à ce stade. Les saints et les mystiques de toutes les traditions spirituelles ont tenté de décrire cela, mais les mots leur ont généralement manqué. En fait, plus on essaie de le décrire, plus on s'en éloigne, car en le décrivant, ou même en y pensant, on le réduit à un ensemble d'idées. Comme *Il* transcende tous les noms et toutes les formes, pénètre tout et est infini et éternel, tout le reste pâlit en comparaison. Le silence règne.

Le Jnana Yoga est le yoga de la sagesse, qui implique les facultés intellectuelles, l'enquête, l'étude et la contemplation des textes de la sagesse et les perceptions intuitives. L'expression de la sagesse des Siddhas se trouve avant tout dans le *Tirumandiram*. Il explique les cinq fonctions du Dieu Siva, la création, la préservation, la dissolution, l'obscurcissement et la grâce qui ont tous comme but l'éducation des âmes dans leur cheminement de la séparation, l'imperfection et la souffrance de l'existence, vers l'Unité, la perfection et la félicité. C'est pourquoi des évènements apparemment tragiques sont un moyen d'édifier les âmes. Ils nous obligent à chercher la vérité au-delà de la dualité comme le plaisir et la douleur, le gain et la perte, ce que l'on aime et ce que l'on déteste. Nous grandissons en sagesse et apprenons à trouver la force et le courage pour faire face à de tels évènements avec équanimité, ce qui nous permet d'abandonner les réactions de peur égoïstes, l'attachement et l'aversion.

Le Yoga Tantrique ou le Kriya Yoga, qui sont le fait de vénérer et d'entretenir la vision que seule l'énergie indestructible existe, partout, et qu'en nous concentrant sur celle-ci, et en la transformant et en la sublimant en nous par la pratique du Kundalini Yoga, nous apprenons à connaître le Seigneur comme notre Soi. Par conséquent, même des évènements destructeurs sont vus comme nécessaires à la croissance de l'âme incarnée, dans son voyage d'une vie à l'autre. Même si ces formes incarnées doivent nécessairement se dissoudre, en raison des lois physiques, du karma, du temps et du fait que l'on ignore son identité véritable, les kriya yogis et les pratiquants du tantra éveillent les *chakras* ainsi que leur conscience et leur pouvoir potentiel. La Kundalini Shakti éveillée révèle au yogi mystique la Vérité qui est au-delà de la compréhension intellectuelle.

Qui est Dieu ? Qui suis-je ?

La façon dont les gens répondent aux questions ci-dessus dépend de la conception qu'ils ont de Dieu, et cela varie énormément d'une personne à l'autre. Y a-t-il un Dieu qui joue le rôle d'un juge ? Quelqu'un qui nous punit pour nos péchés ? Comment un Être Suprême qui nous aime de manière inconditionnelle ne peut-il pas nous protéger de telles tragédies ? Notre conception de Dieu, ou de l'Être Suprême, changera, ou évoluera par étapes, au fur et à mesure que chaque personne développera sa spiritualité. Cela peut aller de quelque chose comme « là-bas » vers « ce qui est en moi ». Au cours de votre cheminement spirituel, il est intéressant d'analyser la manière dont vous concevez Dieu, et ce à quoi vous l'identifiez.

Chaque religion ou groupe culturel considère que sa conception de Dieu est la seule valable. Les théologiens ont classé les évolutions des différentes conceptions religieuses de Dieu. Il est évident que notre conception de Dieu est limitée par notre éducation, notre compréhension de la nature, nos expériences personnelles, notre imagination, nos désirs et nos peurs. Tout cela limite notre avancement spirituel. Nous projetons notre situation humaine sur notre conception de Dieu. La façon dont nous répondons aux questions ci-dessus dépend des conceptions suivantes de Dieu et de l'identité personnelle que nous avons.

- **Phase 1** : Dieu est le protecteur. Je suis le corps physique. Je fais des sacrifices à Dieu et à des esprits pour être protégé des forces malveillantes et des évènements qui me menacent physiquement.

- **Phase 2** : Dieu est omnipotent. Dieu est celui qui donne les lois, l'autorité politique et religieuse. Je suis l'esprit et la personnalité. Je respecte les lois et je suis puni sinon.
- **Phase 3** : Dieu est imperturbable : « Sois en paix et sache que je suis Dieu. » Je suis témoin.
- **Phase 4** : Dieu est sage et connaît tout. Dieu m'aime. Je suis intuitif. J'écoute.
- **Phase 5** : Dieu est mon co-créateur. Je crée.
- **Phase 6** : Dieu est un miracle. Je suis radieux et conscient.
- **Phase 7** : Dieu est l'Être, la Conscience et la Félicité Absolue. *Je suis.* Je ne suis rien de particulier.

(Pour l'article complet, consultez le livre *Kriya Yoga : réflexions sur le chemin spirituel.* Troisième partie, chapitre 7, « Comment évaluer notre progrès spirituel ? »)

Le point de vue des Siddhas du Yoga

D'après les Siddhas du Yoga qui le formulent dans leurs écrits comme le *Tirumandiram* :

> « Le monde, du point de vue de la superconscience, est parfait et le Dieu Siva a délibérément créé chaque chose et son opposé : le bon et le mauvais, la beauté et la difformité, la lumière et les ténèbres, la joie et la peine, la vie et la mort… C'est cet ensemble d'opposés, de joies et de peines, qui nous fait chercher au-delà du monde de la dualité, qui donne à l'âme les moyens de croître et de murir, la purifie, la fait évoluer et l'amène aux pieds sacrés de Siva. Les Siddhas ont atteint ce sommet lumineux où tout est vu comme nécessaire et bon, tout est vu comme Dieu Lui-même. »
>
> — Swami Subramaniam (***Tirumandiram***, Appendix 1, page 3470)

L'âme individuelle est un être rayonnant, un corps de lumière, *anandamaya-kosha*, (le corps de félicité). Elle est créée, évolue comme un être en apparence séparé et finit par fusionner dans une union et une unité indifférenciées ou une identité avec le Dieu Siva. Le point de vue du *théisme moniste* des Siddhas est que l'âme est, temporairement, différente de Dieu en raison de son individualité, car elle est limitée, mais pas en essence. Elle n'est pas toute puissante ou omniprésente à sa création. Mais elle n'est pas imparfaite. Les différentes gaines et facultés de l'esprit et de la perception, qui ne sont pas l'âme, mais qui l'entourent, sont plus limitées, et sont soumises aux taches d'*anava* (ignorance de son identité véritable), du *karma* (conséquences des actions passées, des paroles et pensées, des habitudes) et de *maya* (l'illusion). Les cycles des naissances et des morts, le *samsara*, ont pour but de retirer ces taches.

Ensuite, nous demandons pourquoi Dieu crée. Cette question émane du point de vue limité du second chakra qui est régi par les règles de la logique. Mais la réponse existe dans la conscience de la vision divine du sixième chakra. Essayer d'imaginer une raison valable pour la création avec notre faculté de raisonnement ordinaire limitée est comme essayer de saisir l'océan, une goutte à la fois. C'est simplement la nature de Dieu de créer, avec ses autres pouvoirs de préserver, de dissoudre, d'obscurcir et de révéler la grâce. Aucune raison n'est nécessaire.

Dieu crée les mondes aussi naturellement que nous créons des pensées et des sentiments. C'est un fait qui se situe au-delà de la raison. Son pouvoir de créer fait partie de la Perfection de la Source de Vie. Mais selon la loi cosmique du karma (aussi créée par Lui), chaque âme, et pas Dieu, est responsable de ses actions et ainsi ses différences et inégalités. Ces inégalités font partie de la création constante dans laquelle certaines âmes sont jeunes, avec beaucoup de choses à expérimenter, et d'autres sont vieilles, mûres et prêtes à fusionner avec le Seigneur.

En revanche, les théologiens abrahamiques voyaient le monde dans lequel existaient le bon et le mal et ne souhaitaient pas que leur dieu soit responsable de l'un et l'autre. Tout ce qui est mal, mauvais et affreux est produit par Satan. L'utilisation du mot *création* peut nous amener à croire que Dieu crée quelque chose à partir de rien. C'est la vision judéo-chrétienne. Mais pour la religion védique et agamique, la création est une *émanation* de Lui-même, où l'émanation fait référence à ce qui coule, résulte ou provient de l'essence, qui est Dieu. Dieu est par conséquent à la fois immanent dans sa création et transcendant, ou non affecté par elle.

Cela est en contradiction également avec le *Saiva Siddhantha*, une école dominante chez les hindous du sud de l'Inde. Il soutient le *réalisme pluraliste*, qui postule qu'un Dieu parfait ne pourrait avoir créé ni des âmes imparfaites ni des mondes imparfaits, et que de ce fait ils restent éternellement séparés. À cet égard, la création est analogue au pot que réalise un potier sur une roue qui tourne. Dieu façonne déjà des matières existantes en différentes formes. Dieu est le potier, ou « la cause efficiente », la roue est la « cause instrumentale », le pouvoir de Dieu ou *Shakti*, et l'argile est la « cause matérielle » qui existe éternellement et qui produit un pot, le résultat de ces trois causes.

Dans la vision des Siddhas de la création et ses relations avec sa création, l'âme est semblable à une vague qui émane de l'océan, évolue et revient fusionner avec sa source, l'océan, Dieu. L'individualité de l'âme est créée et dotée des pouvoirs d'*iccha* (désir-amour), de *kriya* (action-volonté) et de *jnana* (conscience-sagesse). Elle finit par retourner à la source lorsque les *malas* (taches de l'ignorance), le karma et l'illusion sont retirés et que tout sens de séparation disparaît.

Le Dieu Siva crée constamment, préserve et réabsorbe toutes choses, l'âme individuelle de l'homme, tous les mondes et leurs contenus qui émanent de Lui-même. Dieu est à la fois la cause matérielle et efficiente. Sa création est comme le fruit qui émerge de l'arbre ou l'étincelle qui jaillit du feu. Cette vision combine le *théisme* (la croyance en la réalité de Dieu et de l'âme), avec le monisme (la croyance qu'il n'y a qu'Un, et que tout apparaît séparé en raison du pouvoir de l'illusion, ou maya). On l'appelle le *théisme moniste*, et il est commun aux Siddhas du Yoga tamouls et au Shivaïsme du Cachemire. (Pour plus d'informations sur ce sujet, consultez « Monistic Theism in the Tirumandiram and Kashmir Shaivism » dans *The Yoga of Tirumular: Essays on the Tirumandiram*, la deuxième édition, chapitre 11, édité par Le Kriya Yoga et les Éditions de Babaji inc.).

« *Jiva* (l'âme individuelle) est devenue Shiva » est le célèbre dicton des Siddhas qui résume leur point de vue. Il affirme la réalité du Seigneur, l'âme et le monde que l'âme doit traverser à maintes reprises, ainsi que le processus d'évolution. Le monde et l'âme ne sont que diverses formes de Siva Lui-même. Néanmoins, Il transcende aussi Sa création et n'est pas limité ni affecté par elle.

Qu'est-ce que la grâce ? Quelle est sa relation avec le karma ?

Le concept de la grâce se trouve partout dans les enseignements des Siddhas, de même que dans de nombreuses religions du monde. Cela reflète qu'il soit largement reconnu que nos prières obtiennent des réponses d'une source de bienveillance, que nous le méritions ou pas. Avec le karma, nous avons ce que nous méritons. Avec la grâce nous recevons ce qui élève et édifie notre âme, en réponse à son appel. Tout comme chaque action, parole ou pensée est par la loi du karma une conséquence ou une réaction nécessaire, il y a une loi supérieure qui permet à jiva (l'âme individuelle) de communiquer avec *Ishvara* (l'Âme Suprême de l'univers). Le Siddha Tirumular donne une forme de cette grâce : *Nataraja, le Seigneur de la danse* :

> Dans son temple resplendissant (de Chidambaram)
> Il a dansé,
> Pour les deux rishis (Patanjali et Vyagrapada comme témoins)
> Il a dansé,
> Forme, sans forme et comme forme cosmique,
> Dans la grâce divine de Sakti
> Il a dansé,
> Lui les siddhas, les anandas,
> Comme forme de la Grâce
> Il était debout et il a dansé.
>
> — Tirumular (*Tirumandiram*, verset 2790)

Comment le Seigneur a-t-il pu faire en sorte que les âmes soient destinées à une vie de souffrance ? Tirumular répond à cette question :

Dans sa Grâce je suis né ;
Dans sa Grâce j'ai grandi ;
Dans sa Grâce j'ai trouvé le repos dans la mort ;
Dans sa Grâce j'étais dans l'obscurcissement ;
Dans sa Grâce j'ai gouté l'extase délicieuse ;
Dans sa Grâce, Nandi, mon cœur est entré.
— Tirumular (***Tirumandiram***, verset 1800)

Ainsi, le Seigneur donne aux âmes un corps pour épuiser leur karma. Il les soutient afin qu'elles puissent faire l'expérience des résultats de leurs actions, et apprendre la sagesse de celles-ci. Il leur donne le repos par la destruction du corps. Il donne l'obscurcissement qui les oblige à chercher au-delà du voile pour réaliser leur nature véritable qui est conscience (*cit*) et finalement la félicité, laquelle provient de l'équanimité envers le karma. Puis il les sort de l'esclavage de l'illusion que je suis le corps, je suis les désirs, dans la libération. C'est pourquoi tous Ses actes sont l'expression de Sa Grâce.

La Grâce Divine est-elle accessible à tous ? Oui, mais seulement ceux qui se sont préparés savent que c'est possible et ils y aspirent. La Mère a dit : « La Grâce est égale pour tous. Mais chacun la reçoit en fonction de sa sincérité. »

Dieu aime et guide chacun de nous. Le yoga nous fournit un véhicule pour le découvrir. Les enseignements des Siddhas du Yoga nous assurent que Dieu nous aime, et que la grâce de Dieu coule constamment sur nous. Nous en devenons conscients, de même que de Sa guidance, lorsque nous nous tournons vers Lui consciemment et le cherchons. Même les évènements tragiques du monde nous fournissent l'opportunité d'exprimer « *Anbe Sivam* », « l'amour est Dieu ».
— Tirumular (Tirumandiram, verset 270)

ॐ Chapitre 15 ॐ

Tout est grâce

Il, la genèse de Maya, est expérimenté dans la perception intérieure ;
Il sait nos pensées ; les ignorants ne savent pas.
« Il ne m'aime pas », disent-ils ;
Il est proche et attentionné envers ceux qui s'abandonnent.
— Tirumular (***Tirumandiram***; verset 22)

La vie est remplie de dualités : plaisir et douleur, succès et échec, profit et perte, beau et difforme, vérité et mensonge et, finalement, la vie et la mort elle-même. Amplifiées et chargées d'émotions, ces dualités font partie du drame de la vie et, habituellement, elles nous absorbent. Lorsque nous obtenons ce que nous voulons, nous pensons que la vie est formidable ou que nous sommes merveilleux. Mais quand nous n'obtenons pas ce que nous voulons ou obtenons ce que nous ne voulons pas, nous blâmons Dieu. Nous pestons même après Lui ! La vie est un casse-tête, et parfois, lorsque nous sommes vraiment déprimés, la seule sortie semble être le suicide ou la mort. Le sage, cependant, voit que « tout est grâce ».

Pour comprendre pourquoi, nous devons d'abord prendre du recul par rapport au drame de notre vie et à la fausse identité « je suis le corps… je suis ce que je pense… je suis ce que je ressens » et voir les choses d'une perspective profonde et durable, celle de notre âme. L'âme est Être, Conscience et Félicité, *sat chit ananda*. Nous sommes ainsi lorsque nous sommes simplement le Témoin, soit une présence sans jugements et sans préférences.

> La lumière qui brille dans le cœur des fidèles,
> Dieu Saint, qui habite de tels cœurs ;
> Exaltant Sa grandeur, L'adorant en tant que Mon Seigneur
> Nous nous en approcherons et obtiendrons Sa grâce.
> — Tirumular (***Tirumandiram***, verset 39)

Dieu habite le cœur, mais l'ignorance de l'égoïsme nous le cache. Le Seigneur s'occupe de l'âme, et bien assis en elle, il aide l'âme à prendre conscience d'elle-même. Tranquillement, l'âme devient consciente de la lumière, qui illumine le Soi, les autres et le monde. L'âme apprend que seul le Seigneur suprême compte et se sent naturellement attirée vers Lui. Lorsque nous l'adorons avec une véritable compréhension, nous obtenons Sa grâce.

> Le Dieu des dieux, celui que l'illuminé adore ;
> Le Dieu suprême qui déverse Sa grâce sans fin ;
> Mon père, Lui, je contemple ;
> Comme lumière éternelle et adorée, humblement avec un amour durable.
> — Tirumular (***Tirumandiram***, verset 48)

La perspective du Seigneur en tant que Lumière, éternellement intérieure, est une forme avancée de méditation.

Les cinq fonctions du Seigneur

De cette nouvelle perspective, nous commençons à voir l'existence éternelle des cinq fonctions du Seigneur : création, préservation, dissolution (ou involution), obscurcissement et grâce. La création, la préservation et la dissolution aident l'âme au travers de ses expériences karmiques dans le monde, et aident l'âme à se libérer graduellement des trois *malas* (taches) : *anava* (ignorance, égoïsme), *maya* (illusion) et *karma* (les conséquences de ses actions passées). Tous sont des aspects de la grâce selon Tirumular, car ils réunifient les âmes avec le Seigneur. La grâce est la compassion du Seigneur. Par la grâce, une connaissance absolue et une félicité incomparable sont accordées. C'est le grand théâtre du Seigneur et l'expérience quotidienne de toutes les âmes. Nous en faisons l'expérience intensément lorsque l'âme soumise est complètement libérée des malas et prise en charge par le Seigneur.

> Création, destruction ou préservation ;
> Le Seigneur Saint, par Sa grâce, entreprend ;
> Sa volonté, Le compatissant travaille
> À travers maya, s'étend dans toutes les directions.
> — Tirumular (*Tirumandiram*, verset 393)

1. **Création**. Le Seigneur attache chaque âme à un corps de sorte qu'elle puisse régler son karma, se développer et mûrir dans la connaissance du Soi, et ainsi devenir digne de recevoir encore plus de Sa grâce. La création existe pour l'évolution des âmes.

> L'immaculé s'embarque comme création,
> Fournit le corps à mon âme, applique une limite de temps et le karma,
> La souffrance aussi ; l'appui principal est Lui
> Donnant l'expérience de vie et Il est impartial.
> — Tirumular (*Tirumandiram*, verset 394)

Ce verset exprime beaucoup d'idées. Le Seigneur fournit un corps et les circonstances de la naissance qui conviennent à l'élaboration du karma de l'âme. Il soutient l'âme lorsqu'elle fait l'expérience de la dualité du plaisir et de la douleur, la guidant vers l'Unité. Il est juste et impartial. Il ne fait pas de discrimination au profit de l'un ou de l'autre, parce qu'Il n'a aucune préférence ou aversion.

2. **Préservation**. Le Seigneur maintient Sa création. À cette fin, Il imprègne tous les corps et vies de lumière et d'obscurité, nous remplissant de pensées et de sentiments, guidant notre âme au travers des expériences de la vie. Bien que l'âme, à cause de son ignorance, échoue au début à percevoir et

à apprécier ceci, au fur et à mesure que l'âme mûrit, elle commence à voir la lumière de la vérité.

> Le Seigneur, Il est celui qui crée le monde ;
> Le monde qu'Il maintient et tout être vivant aussi ;
> Les réceptacles, grands et petits, le potier fait ;
> Néanmoins, le Seigneur donne forme à tout ce qu'il y a.
> — Tirumular (***Tirumandiram***, verset 417)

Les nombreuses choses qui maintiennent chacun de nous durant nos vies, y compris la famille et les amis, les possessions, les compétences, la connaissance et l'expérience sont Son ouvrage.

3. **Dissolution**. Généralement connue en tant que *destruction*, cette fonction est mieux décrite en tant que *dissolution* ou *involution*. Dans la dissolution, toutes les formes matérielles se dissolvent dans leur essence subtile. Ceci renvoie les âmes à la demeure du Seigneur pour le repos et la récupération après avoir vécu son karma. Finalement, cela permet à l'âme de se reposer dans la félicité de l'union avec le Seigneur.

> La dissolution quotidienne est d'être dans l'obscurité du sommeil ;
> La dissolution décrétée est au-delà de l'éveil ;
> La dissolution pure est l'action moins l'état de ***kevala*** ;
> La dissolution ultime est d'être dans la vérité de la grâce du Seigneur Suprême.
> — Tirumular (***Tirumandiram***, verset 425)

Le sommeil est une *dissolution quotidienne* ; le corps et l'esprit obtiennent le repos des activités quotidiennes et du stress. La mort est une *dissolution décrétée*. Celui qui donne le corps à l'âme le détruit au temps nommé. C'est le sort de chaque âme née de respecter ses engagements karmiques durant sa visite terrestre. La *dissolution pure* est la réalisation du Soi où l'on devient absolument libre des malas ou des taches de l'ignorance, de maya et du karma. *La dissolution ultime* est l'unification avec le Seigneur Suprême, à Sa Grâce, à Sa Vérité.

4. **Obscurcissement**. Le Seigneur se cache ainsi que le but de notre vie, afin que nous en tant qu'âmes puissions remplir nos engagements karmiques, tout en croyant que l'expérience dans le monde est le but ultime de la vie. Le soi-disant mystère de la vie est le résultat de cet obscurcissement. Les âmes poursuivent des expériences transitoires, croyant l'impermanence comme permanent, le plaisir comme source de joie et le corps-esprit-personnalité comme leur vraie identité. Ces expériences leur apprennent à propos des dualités du plaisir et de la douleur, qui à leur tour enseignent aux âmes les leçons dont elles ont besoin pour finalement chercher la vraie signification de l'existence.

> Âme de l'Âme il est, la lumière intérieure ;
> Il est tout à côté ;
> Lui et l'âme sont si proches ;
> Pourtant, l'âme ne Le connaît pas !
> — Tirumular (***Tirumandiram***, verset 431)

Tirumular nous dit dans le verset suivant que l'amour est la clé qui ouvre les portes de la perception par lesquelles Dieu est vu. Mais quand il n'y a aucun amour, Dieu s'assure que l'âme respectera ses engagements dans la vie.

> Je Le vois dans la profondeur de mon être, et Le cache là ;
> Il finira par Se révéler, conférant Sa grâce ;
> Que le bonheur soit ; votre grand amour soit spécial ;
> Votre désir qu'il Se révèle sera réalisé.
> — Tirumular (***Tirumandiram***, verset 437)

5. **Grâce**. La grâce du Seigneur est ce qui mène l'âme en haut de l'échelle des expériences spirituelles, soulageant lentement l'âme du monde et révélant la lumière plus grande de la sagesse et de la connaissance du Soi. La grâce est la compassion du Seigneur. À la différence du karma, elle ne dépend pas de nos mérites ou de nos démérites. C'est la réponse du Seigneur à l'aspiration de l'âme pour le Vrai, le Bon et le Beau.

Sa forme cosmique personne ne peut la saisir ;
Mais le corps composé de cinq éléments ;
Il s'imprègne subtilement comme du lait dans l'eau ;
félicité merveilleuse que j'ai appris à éprouver inlassablement.
— Tirumular (***Tirumandiram***, verset 450)

Tant que l'obscurcissement dure, nous ne pouvons pas percevoir la présence du Seigneur en soi. Mais par la grâce du Seigneur, lorsque nous nous détournons de l'attachement au corps-esprit-personnalité et que nous nous purifions des taches, nous commençons à avoir des expériences spirituelles. Avec celles-ci, ainsi que la félicité qu'elles confèrent, nous nous tournons de plus en plus vers le Seigneur en nous. La félicité ultime est trouvée par la grâce du Seigneur.

La grâce imprègne chacune des cinq fonctions du Seigneur. Par conséquent, la grâce imprègne tout dans nos vies qui est créé, préservé, dissous, obscure et gracieux. Lorsque nous percevons et apprécions ceci, à chaque moment, nos souffrances cessent immédiatement. Et nous voyons le visage du Seigneur.

ॐ Chapitre 16 ॐ

L'éveil du rêve avec intensité dans son intention

Individuellement et collectivement, nous sommes en train de « rêver les yeux ouverts », parce que nous sommes constamment absorbés par nos pensées, nos émotions et nos sensations, et totalement identifiés au drame de nos vies. Les Siddhas nous apprennent que c'est pour cette raison que nous sommes aveugles à l'Être Divin Absolu-Conscience et Béatitude et que nous souffrons des conséquences de l'égoïsme : le désir, l'attachement, l'aversion et la peur de mourir. Identifiés comme nous le sommes avec le corps et le mental, nous oublions qui nous sommes : la conscience pure. Cet oubli est programmé dans notre nature humaine.

Pour le surmonter, les traditions spirituelles ont universellement prescrit de couper tout contact avec toutes sources de désirs qui peuvent nous enchanter et nous distraire. En d'autres mots, on doit affamer le corps vital de tous les plaisirs éphémères. L'objectif est de s'échapper de ce monde malheureux, soit en se dirigeant vers un royaume divin, soit en cessant de se réincarner sur terre en se garantissant une demeure spirituelle dans une Transcendance supra-cosmique intemporelle et sans espace.

Peu de gens ont le vouloir ou la capacité de se retirer du monde. Les yogis modernes, les mystiques d'aujourd'hui, qui demeurent dans le monde, maintiennent une trêve précaire entre leurs besoins de cultiver la paix intérieure et l'harmonie et les conflits de la vie au quotidien avec ses devoirs et son stress.

Cependant, dans une tradition tantrique telle que le Kriya Yoga de Babaji, qui est un yoga intégral, nous ne cherchons pas à nous échapper. Cela exige que la Vérité, la Lumière, le Pouvoir et la Béatitude, déjà réalisés dans la conscience intérieure, doivent aussi entrer entièrement dans la conscience de veille et deviennent entièrement efficaces à cet endroit. Chaque acte de méditation devient dynamique extérieurement et n'est pas simplement subjectif.

Pour nous, la *méditation* veut dire de garder sa conscience entièrement ouverte et tournée vers le Divin, subjectivement et objectivement, tout le temps, partout et en toutes circonstances. Son but est de transformer la nature humaine avec un appel pour la descente de la *Shakti* Divine (énergie-conscience) afin d'y travailler Sa volonté évolutive à l'intérieur de nous. En chaque instant, nous sommes appelés à embrasser la vie en devenant le Témoin et en nous abandonnant à la gouverne Divine et son Pouvoir au travers d'un mental silencieux et d'un corps vital calme. Toutes expériences deviennent l'objet de notre conscience sans préférences. La béatitude, qui en résulte, est instantanée même si les conditions sont plaisantes ou douloureuses ou si les désirs sont exaucés ou non.

Nous avons la confirmation de Siddhas du Yoga, comme Patanjali, que nous devons retirer ces sources de souffrances de nous-mêmes individuellement. Patanjali nous dit :

> « Ces [afflictions, dans leur] [forme] subtile, sont détruites par la recherche de l'origine de [leurs] cause[s]. [Dans leur état actif], ces fluctuations, [émergeant dans la conscience], sont détruites par la méditation. »
>
> — Patanjali (***Les Sûtras du Yoga***, II.10 – 11)

Au niveau subtil, ces afflictions existent en tant que *samskaras* (impressions subconscientes) et peuvent être éliminées seulement par le retour répété à notre source par les diverses étapes du *Samadhi* (l'absorption cognitive). Le Samadhi se produit lorsque le mental devient complètement silencieux. Nous devons développer *sattva* (la concentration, l'équilibre intérieur et l'équanimité) avec les différentes pratiques d'un yoga intégral, ce qui inclut les asanas, les pranayamas, la méditation, les mantras et la dévotion, avant d'avoir la capacité d'entrer et de rester dans un tel état de silence mental. Cependant, tout en ayant entrepris cette démarche, nous pouvons encore atténuer les afflictions en pratiquant la méditation régulièrement.

La cessation de l'identification avec les fluctuations du mental, que ce soit des pensées, des perceptions par les sens, des fantasmes ou le sommeil, est un prérequis pour le Samadhi. Mais parce que les impressions subconscientes ne sont pas accessibles durant la conscience de veille ordinaire, ou même durant la méditation, on doit éliminer leurs racines – l'égoïsme – en s'identifiant constamment à notre vrai Soi. Le petit « je » devient absorbé par le grand *Je* et, en conséquence, les impressions subconscientes sont dissoutes. D'une manière métaphorique, la méditation enlève l'agitation du mental, tout comme on enlève la saleté d'un vêtement en le lavant ; entrer en Samadhi à répétition enlève nos samskaras (les habitudes bien ancrées dans le mental) tout comme on enlève les taches sur les vêtements par le trempage répété dans un agent de blanchiment.

L'application de notre intention avec intensité

Ce n'est pas suffisant de reconnaître notre tendance à oublier notre Soi pendant que nous rêvons les yeux ouverts. Nous devons formuler notre *sankalpa*, c'est-à-dire notre intention de vouloir s'éveiller et de le demeurer pour ensuite appliquer notre propre volonté pour l'accomplir. Cela se fait par les tapas, soit les défis personnels volontaires pour transformer notre perspective égoïste à celle du Témoin. Le meilleur moment pour le faire est durant une journée de silence ou bien durant une retraite prolongée ou un pèlerinage.

J'ai dirigé un pèlerinage de 17 jours dans le sud de l'Inde avec 22 initiés au Kriya Yoga qui provenaient de 11 pays différents. Notre expérience fut instructive. Cela fait 20 ans maintenant que je dirige de tels pèlerinages. Nous les avons organisés de façon à ce que les participants se concentrent sur « l'éveil » et sur « demeurer éveillé ».

Au début du pèlerinage, j'ai expliqué aux participants que nous n'entamions pas un voyage touristique où l'on recherche des plaisirs passagers dans une expérience sensorielle nouvelle et exotique ou des pulsions éphémères dans le corps vital. Nous cherchons plutôt à cultiver une conscience continuelle, moment par moment, tout au long du voyage, que ce soit difficile ou plaisant, satisfaisant ou pas. L'équanimité qui en résulte apporte la béatitude, c'est garanti.

Durant un pèlerinage, nous cherchons aussi à laisser derrière nous nos préoccupations ordinaires et à nous concentrer afin d'entrer dans un état de communion avec *Cela* qui se trouve dans ces lieux sacrés de notre destination. Chaque jour durant ce pèlerinage nous avons réalisé ces deux objectifs – la conscience sans préférences et la communion avec la Shakti sacrée – à chacune de nos destinations.

À chacune des destinations que nous avons visitées durant notre pèlerinage, nous nous sommes « éveillés » là où des yogis et des saints ont laissé leur « énergie-conscience », résultat de leurs tapas. Cela s'est passé ainsi, parce que nous étions guidés par l'intensité de notre intention afin de réaliser le Vrai, le Bon et le Beau et notre détermination d'entrer en communion avec l'Unité. Chacune de ces demeures sacrées est une porte d'entrée vers le Divin. Les préoccupations ordinaires de nos vies mondaines et l'attraction des désirs et des impulsions du corps vital ont été mises de côté. La conscience collective du groupe nous a animés et soulevés. Ce faisant, ce fut notre véhicule.

À chaque endroit, le silence et le calme sont devenus notre véhicule pour communier avec la Shakti Divine. En matinée et en soirée, nos pratiques régulières en groupe des kriyas ont laissé la place au calme une fois à l'intérieur de ces demeures sacrées de saints et de siddhas. Cela s'est produit pour la première fois le jour suivant notre arrivée à Bangalore. Nous nous sommes rendus à l'ashram de Sri Krishna Singh « Tapaswiji » à Nandi Hills et nous avons médité pendant une heure dans la chambre où il s'est assis très longtemps en tapas. La pièce était infusée d'une grande paix et de beaucoup de lumière. Cela a régénéré nos esprits et nos corps fatigués par le décalage horaire.

À l'ashram de Ramana Maharshi, la présence de ce grand saint est palpable dans la pièce où il s'assoyait pour recevoir les visiteurs et les disciples. Le deuxième jour de notre séjour, Durga est entrée profondément en transe pendant 3 h 30 dans cette chambre. D'autres participants sont retournés à plusieurs reprises à la grotte du Skanda Ashram et celle du Virupakshana en haut sur la montagne Arunachala derrière son ashram, durant les quatre jours que nous y avons passés. Tout comme les abeilles sont attirées par le miel, l'attraction émouvante de la Lumière et de la Béatitude imprégnée dans les murs de ces demeures sacrées est devenue un aimant pour les pèlerins. Nous pouvions facilement nous retrouver dans un espace lumineux, ce que les Siddhas appellent *vettaveli*, où l'on se sent libéré de toutes pensées et de toutes inquiétudes.

À Pondichéry, notre destination suivante, le sanctuaire de samadhi, où reposent les restes de Sri Aurobindo et de La Mère dans leur sarcophage en marbre de 3,66 m de long et de 61 cm de haut au milieu de la cour de l'ashram, agit comme un aimant et une antenne pour leurs disciples. Dans un endroit où le silence règne, nous sommes tombés à genoux à ses côtés, reposant notre tête sur sa surface froide, recouverte d'un Yantra floral élaboré. Notre mental réduit au silence, leurs bénédictions provenaient des profondeurs sous diverses formes : un message, une image, un sentiment de béatitude, une intensité lumineuse. Ensuite, nous nous sommes assis dans la cour tout près avec une centaine de disciples pour méditer en silence sur la grâce et les enseignements que ces deux grandes âmes ont conférés au monde.

Le jour suivant, nous avons visité l'appartement privé de Sri Aurobindo et nous avons eu le privilège rare de méditer pendant longtemps là où il a vécu pendant 30 ans, préparant la descente de ce qu'il appelait le *Supramental*. La pièce était infusée d'une lumière dorée ainsi que d'une paix et d'une béatitude ineffable nous entraînant dans un état indescriptible de tranquillité et de bonté. À ce moment, chacun d'entre nous était entré dans la perspective du pèlerin, cherchant à savoir intérieurement la Vérité que ces lieux sacrés gardaient. Nous étions déterminés à la connaître intuitivement plutôt que par nos yeux, nos oreilles ou un effort mental. Le silence et encore plus de silence est devenu notre véhicule de connaissance. Dans ce silence, la voix de notre âme, l'être psychique, a révélé la Vérité, le Bon et le Beau.

Le lendemain, nous avons voyagé jusqu'à Chidambaram pour participer à une célébration en l'honneur du Seigneur Shiva, sous la forme du Danseur, Nataraja, et pour recevoir son *darshan* (sa vision). Ce temple ancien, qui est fait de granite et qui couvre une superficie de 22 ha, abrite un sanctuaire intérieur, notre destination. C'est un lieu de culte depuis plus de mille ans sans interruption. Nous avons été accompagnés par un membre dirigeant de la caste héréditaire de prêtres dont les ancêtres ont dirigé ces cérémonies durant tout ce millénium. Des scientifiques ont mesuré la force de gravité de ce sanctuaire et ont conclu qu'elle était la plus lourde au monde.

Afin de permettre à la douzaine d'hommes de notre groupe d'être dans un état d'esprit idéal, j'ai demandé à ce que chacun d'eux porte le vêtement traditionnel des disciples de cet endroit : un dhoti blanc tissé à la main et porté de la taille aux pieds, le torse nu, inculquant l'humilité. L'image du Seigneur, le chant des prêtres, le son des cloches, les cantiques chantés par les disciples ont donné un cadeau particulier à chacun d'entre nous. Par la suite, méditant sur une plateforme de granite surélevée, tout près de l'endroit où, selon la tradition, Tirumular a écrit le Tirumandiram, nous avons cherché à connaître la Vérité offerte par le plus sacré des temples dédiés au Seigneur Shiva.

Plus tard dans la journée, nous avons fait une visite imprévue à Vadalur, qui est tout près de là où nous étions. C'est là que le Siddha Ramalingam Swamigal a bâti en 1874 son temple San Marga avec sa flamme éternelle. Nous avons aussi visité sa maison à Mettukupam où il a vécu et disparu dans la *Arun perun Jyoti* (Lumière Suprême de la Grâce). Assis dans la cour avec une poignée de disciples locaux, nous avons ressenti la bénédiction de sa Présence, de sa compassion et de sa joie ineffable.

Le jour suivant, nous avons voyagé en autobus pendant plusieurs heures en direction de Thanjavur. À cet endroit, au crépuscule, nous nous sommes assis pour méditer près du temple dédié au Siddha Karuvoorar, le frère disciple de Babaji, qui est situé derrière le temple Britheeswaram et son immense *gopuram* (tour), le plus haut sanctuaire en Asie. La lumière, la béatitude et le pouvoir irradiaient de l'idole de pierre de Karuvoorar. Nous nous sentions bénis d'être en communion avec lui.

Notre destination suivante fut Palanimalai, la montagne sacrée, où le Siddha Boganathar, le guru de Babaji, a construit un beau temple pour le Seigneur Muruga. Nous y avons aussi trouvé son propre sanctuaire de Samadhi. Ici, nous avons été accueillis par le prêtre Venkatesh, un descendant de Pulipani, le disciple en chef de Boganathar, et nous avons fait un satsang avec son frère ainé, Sivananda Pulipani. Nous avons pu méditer dans le sanctuaire de Samadhi en haut de la montagne ainsi que dans l'ashram Pulipani, parmi une douzaine de sanctuaires de Samadhi de descendants Pulipani. L'intensité de la dévotion pour Muruga, manifestée par les pèlerins provenant du sud de l'Inde, nous a portés en haut de la montagne et tout autour, le lendemain, durant un *padi yatra* (pèlerinage à pied).

Notre pèlerinage s'est poursuivi avec une visite au Dhyana Lingam du Isha Ashram, fondé par Satguru Jaggi Vasudeva. Cette structure impressionnante est infusée d'un grand pouvoir spirituel et est conçue pour faciliter la méditation en silence sur Shiva représenté par le Lingam : l'Éternel, l'Infini.

Intégrer l'intensité de l'expérience des lieux sacrés au quotidien

S'éveiller brièvement du rêve de l'égoïsme ou bien avoir des expériences révélatrices pendant que nous méditons dans des endroits sacrés ne peut être l'objectif spécial de notre recherche. Nous devons rechercher toujours et en toutes circonstances d'être uni au Divin, que ce soit dans le silence de la méditation ou dans le courant de la vie active. Comme La Mère nous le rappelle : « Que vous soyez assis pour méditer ou en train de vaquer à vos occupations, ce qui vous est demandé, c'est d'être dans la conscience ; c'est le seul besoin, soit d'être constamment conscient du Divin. » L'intensité de l'intention et de la grâce que nous avons éprouvée à ces endroits durant notre pèlerinage a révélé la présence du Divin. Nous avons entamé notre retour à la maison avec le souvenir de Cela qui a été entendu dans le silence, la concentration et l'aspiration, et avec la résolution de demeurer éveillé à la présence du Divin partout et en tout temps.

ॐ CHAPITRE 17 ॐ

Soutenir le regard intérieur sur Shakti

« Vous rêvez les yeux ouverts » disent les Siddhas et c'est pour cela que vous souffrez. En vous autorisant à vous identifier aux mouvements de votre mental, vous oubliez votre vrai Soi. L'art scientifique du yoga, avec ses nombreuses techniques, fournit un remède. Cependant, sans une compréhension profonde de la façon d'accéder à la kundalini (la conscience et le pouvoir potentiels à l'intérieur de soi), vous pouvez échouer à pratiquer ces techniques avec le degré nécessaire de concentration.

Étant donné l'état d'esprit de l'individu moyen, qui oscille entre l'absorption *tamasique* (inertie) et *rajasique* (activité), le premier objectif du yoga doit être de développer *sattva* (calme). Toutes les techniques du yoga ont cet objectif. Toutefois, le calme n'est qu'un prérequis ou une porte d'entrée pour la réalisation du Soi. Pour devenir pleinement illuminé, vous devez éveiller la kundalini et transformer votre nature humaine, avec tous ses défauts, en une nature divine – Siddha ou perfection – dans les petites choses comme dans les grandes.

Shiva-Shakti : énergie consciente

Selon le yoga, tout prend son origine dans *Shiva-Shakti* (énergie-conscience). Ces deux mots se définissent par Être et Puissance, ce qui est au-delà des noms et des formes, de l'espace et du temps, et qui est à la fois imminent en toute création, mais n'est pas affecté par elle. C'est le Témoin Éternel. La création entière émane d'*Elle*, selon le *Saiva Siddhantha* (les enseignements théistes monistes des Siddhas du Yoga). Toute *chose* émane d'*Elle*, est soutenue par *Elle*, et ensuite dissoute en *Elle*.

Shiva-Shakti est la fondation de votre être individuel, le *jiva* incarné (conscience individualisée), enveloppé par des *koshas* (gaines d'énergie-conscience), dans les dimensions de votre existence physique, vitale, mentale et intellectuelle. *Shakti* (la force de vie intelligente universelle qui se manifeste dans les humains) est appelée *prana* (énergie vitale), dans le corps et l'esprit.

Vous pouvez éveiller votre grand potentiel divin, *Kundalini Shakti*, en adorant cette Déesse intérieure qui vous guide et vous donne de la puissance à tous les niveaux. La pratique de *Shambhavi mudra*, focalise intérieurement notre attention sur *Elle* et – avec une aspiration pour le Vrai, le Bon, le Beau – devient une discipline yogique sacrée. Vous pouvez aussi personnifier les pouvoirs de la Déesse en cultivant l'amour pour leurs formes et qualités avec *bhakti* (dévotion).

Regard soutenu : Shambhavi mudra

Tourner son regard vers un endroit dans le corps fait partie de plusieurs des techniques de yoga connues sous le nom de *Drishti Yoga* (Yoga de la vue). Cela inclut les asanas, les pranayamas, la méditation, les mantras et même le Bhakti Yoga. Toutefois, tourner les yeux vers un point dans le corps, ou dans le monde extérieur, tout en demeurant concentré intérieurement vers le *prana*, qui est à l'origine de toute forme, s'appelle *Shambhavi mudra*, ou regard intérieur soutenu, et il y a beaucoup plus de potentiel dans son effet. Cela vous demande de vous concentrer intérieurement sur la lumière pure de la conscience, qui est Shiva. Le corps physique, le monde extérieur, les pensées et les sentiments sont en toile de fond, et *svarupa* (manifestation lumineuse du Soi) apparaît en avant-plan. Le Siddha Tirumular nous dit :

Et le Saint Maître, ***Parama*** guru (le guru suprême)
En tant que ***Para*** inchangeant pénètre tout interminablement
Dans cet état immanent
S'étend Sa Manifestation Lumineuse du Soi (***svarupa***)
Quand ***Jiva*** atteint l'État Final de ***Turiya*** (quatrième).
— Tirumular (***Tirumandiram,*** verset 2835)

Et dans les dernières lignes des Sûtras du Yoga de Patanjali, verset IV.34 : *svarupa pratistha va citisakti iti* :

Le pouvoir de la conscience pure s'installe dans sa pure et propre Nature.

svarupa = sa propre nature pure, manifestation lumineuse du Soi ;
citisakti = le pouvoir de la conscience pure ;
pratishtha = persévérance ; l'établissement ;
va = ainsi.

En Shambhavi mudra, vous entrez dans un état de calme et de communion avec la lumière de la conscience dans laquelle les sensations, les pensées et les émotions ne font que passer sans laisser de traces. Au lieu de vous arrêter sur ces mouvements, vous fixez votre attention sur ce qui est immuable, leur source. Par exemple, lorsque vous marchez, vous pouvez regarder au loin ou au sol à environ un mètre de vos pieds. Comme Jésus l'a dit, « Soyez des passants » (*Évangile de Thomas*, verset 42).

Ainsi, le monde est perçu véritablement impermanent et éphémère, et Cela qui transcende le monde devient accessible immédiatement. Vous ne cherchez pas de nouvelles expériences. Vous cherchez Celui qui voit (le Témoin Éternel), sa force créative (Shakti) et son agent humain (prana).

Cela requiert *pratyahara* : c'est-à-dire que vous retiriez votre attention des sources extérieures de distractions ou d'intérêts. Cela demande *dharana* (beaucoup de concentration), à cause des *vasanas* (tendances) et des *samskaras* (habitudes) du mental et du vital à vagabonder dans les désirs sans fin et les mouvements émotionnels. Cela requiert que vous vous purifiiez des désirs et des attachements, générés par habitude, à l'aide du *tattva shuddhi* (lâchez prise, conscience détachée, discrimination). Le désir est un pouvoir de l'imagination. Pour contrôler le désir et développer l'imagination en tant que force de développement spirituel, pratiquez les mantras et les méthodes de visualisation et de concentration. Utiliser l'intellect et la raison pour méditer sur des vérités abstraites vous aidera aussi à contrôler la force du désir et les diverses émotions dans le corps vital.

La pratique de Shambhavi mudra s'effectue habituellement, du moins au début, avec les yeux ouverts, ou à moitié ouverts, tournés vers un point entre les sourcils, là où une lumière peut être visualisée. C'est ainsi que cela est décrit dans les textes traditionnels comme le *Hatha Yoga Pradipika* du Siddha Goraknath et les *Sûtras de Siva* de Vasugupta du Shivaïsme du Cachemire. Par contre, son potentiel est beaucoup plus grand si l'on ne se limite pas au centre entre les sourcils.

Assis ou debout, tout en demeurant calme à l'intérieur, maintenez votre regard soutenu et fixe vers les centres associés aux chakras *sahasrara* ou *ajna*, ou vers le bout du nez. Cela peut se faire les yeux partiellement ouverts ou fermés. Il est important de maintenir votre conscience sur le prana à intérieur. En alternant, vous pouvez vous concentrer sur un organe ou un objet des sens comme l'oreille ou le son, mais demeurez centré sur l'énergie qui anime l'organe des sens et qui est le véhicule de la sensation. Tout comme une machine fonctionne à l'électricité, vos sens opèrent en tant qu'instrument du prana, qui fait partie de la Shakti universelle, l'énergie conscience.

En Shambhavi mudra, une vraie pratique tantrique, vous ne cherchez pas à fermer les organes des sens, mais plutôt à unifier leur activité avec la source de leur pouvoir. *Tantra* veut dire *toile* ou enseignements énergétiques. Cela fait référence à la toile d'énergie qui soutient toute chose dans l'univers. Cela renvoie aussi aux enseignements qui unissent Shiva et Shakti : la conscience et l'énergie, le spirituel et le matériel, le ciel et la terre, l'éternel et le temporel, l'infini et le fini. Celui qui pratique le tantra utilise des méthodes énergétiques impliquant le prana pour communier avec l'objet de dévotion ou d'attention. Le tantrisme voit toute vie en tant que personnification sacrée du Divin. Toute *chose* émane de l'intelligence cosmique, Shiva, par l'entremise du pouvoir créatif de Shakti.

Shiva et Shakti ne sont pas des objets ou des choses. Mais en tant que source de toute chose, ils ne peuvent être approchés que si vous entrez dans un état de communion avec eux, là où vous transcendez la dualité du sujet et de l'objet. Le fameux dicton des Siddhas affirme à la fois la réalité de l'existence incarnée et l'état ultime de perfection : « Le *Jiva* [conscience individualisée incarnée] devient Shiva [conscience universelle]. » Cela affirme aussi l'évolution ou la voie entre eux ! Nous sommes tous des travaux en cours, façonnés par notre façon de répondre à l'expérience de la vie. Lorsqu'il est pratiqué avec habileté, Shambhavi mudra peut être un véhicule efficace pour voyager sur la voie mystique, de l'imperfection à la perfection, au début avec des formes extérieures particulières et des parties de notre anatomie physique ou subtile et, ultimement, en observant toutes formes, matérielles et subtiles.

Plusieurs façons d'appliquer Shambhavi mudra

Shambhavi mudra peut être pratiqué de différentes manières.

1. Pratiquez-le sur les *jnana indriyas* (cinq sens subtils) : (a) centrez-vous sur le pouvoir de voir, pas celui qui voit ni l'objet qui est vu ; (b) centrez-vous sur le pouvoir d'entendre, pas sur soi-même qui écoute ni sur les sons entendus ; (c) centrez-vous sur le pouvoir de toucher, pas la peau ni l'objet touché ; (d) centrez-vous sur le pouvoir de goûter, pas la langue ni la nourriture et la boisson ni le goût ; (e) centrez-vous sur le pouvoir de sentir, pas le nez ni l'objet senti. Les impressions sensorielles vont et viennent comme des nuages dans le ciel. Soyez comme le ciel. Concentrez-vous sur le prana, le pouvoir derrière les cinq sens.
2. Pratiquez-le lorsque vous vous concentrez sur les *karma indriyas* (le prana, qui donne le pouvoir d'action aux organes moteurs) : (a) le pouvoir qui anime les mains ; (b) le pouvoir qui anime les pieds et les jambes ; (c) le pouvoir qui anime la voix ; (d) le pouvoir qui fait bouger les organes d'élimination ; (e) le pouvoir qui anime les organes de procréation.

3. Pratiquez-le en regardant un objet externe : la flamme d'une bougie, une fleur, un *yantra* ou un *mandala*, un *Shiva lingam*, une photo de votre forme préférée du Divin, connue sous le nom d'*Ishtadevata*. Si vous marchez ou que vous vous déplacez, tous les objets externes peuvent être regardés tout en étant intérieurement conscient de la lumière de la conscience.
4. Pratiquez-le en suivant le son d'un mantra jusqu'à sa source et en s'identifiant avec les pouvoirs et les qualités exprimées par le mantra. Concentrez-vous sur *Cela* d'où le mantra provient en écoutant le son.
5. Pratiquez-le lorsque vous communiquez avec les autres en vous concentrant sur l'énergie qui circule entre vous et l'autre personne. Aspirez à le saturer d'énergie d'amour, de bonne volonté et d'équanimité. Voyez la présence du Divin, seul avec Celui avec lequel vous avez une relation permanente.
6. Pratiquez-le en concentrant votre regard sur l'image de votre Ishtadevata ou guru et en diffusant l'énergie, l'amour et la beauté qui se cachent derrière.
7. Pratiquez-le en concentrant votre regard sur les chakras ou les autres parties de votre anatomie subtile : les nadis *ida*, *pingala* et *sushumna*. L'énergie suit la conscience, alors lorsque vous dirigez vos yeux vers un chakra, l'énergie circule dans le chakra et l'éveille.
8. Pratiquez-le pendant que vous contemplez des objets représentant les cinq éléments : (a) la terre, par exemple, une roche ou une montagne ; (b) l'eau, par exemple, un lac, une rivière ou un océan ; (c) le feu, par exemple, la flamme d'une bougie ou un feu de camp ; (d) l'air, par exemple, le ciel ou les nuages ; (e) l'espace, par exemple, l'espace entre deux objets ou l'espace entre vous et des objets externes. Ceci peut aussi être fait avec les yeux fermés en les visualisant. En le pratiquant, fusionnez votre conscience avec l'objet de contemplation, ne faisant qu'un avec lui.
9. Pratiquez-le en contemplant le feu de la kundalini, notre pouvoir potentiel. Parce qu'il nous soutient à tous les niveaux et est associé

au chakra racine, dont l'élément est la terre. C'est comme le feu au centre de la Terre. Elle s'éveille par les *tapas*, qui sont les pratiques qui nous purifient et nous renforcent incluant les *asanas*, les *pranayamas*, un bon régime alimentaire ainsi que les *yamas*, les restrictions sociales. Concentrez-vous sur le feu qui anime ces pratiques et sur la chaleur de la résistance que rencontrent vos efforts, surtout en ce qui concerne les désirs, les habitudes et les attachements. Concentrez-vous sur le pouvoir du feu pour transformer votre nature. En le faisant, vous exercerez votre volonté.

10. Pratiquez-le en contemplant une pleine lune et en vous concentrant sur la béatitude, l'énergie rafraîchissante, la lumière de la conscience, qui nous donne tant de plaisir et qui calme notre mental. C'est à cause de cet effet que la lune est associée au chakra de la couronne, le palais mou, le *samadhi*, le *nirvana* et la sécrétion d'*amrit* (nectar du chakra de la couronne), ainsi que l'éveil, par conséquent, de nos facultés supérieures. Contemplez sa façon de se manifester en tant qu'amour et paix au-delà de tout effort.

11. Pratiquez-le lorsque vous contemplez l'alchimie interne où le feu de la kundalini, dans les chakras inférieurs, surgit dans le nadi ida et est transformé par l'énergie descendante rafraîchissante du nadi pingala, de la lune, le chakra de la couronne. Contemplez comment cela devient le soleil, la lumière de la conscience, s'unissant dans le nadi sushumna. C'est l'union de Shiva et Shakti.

12. Pratiquez-le lorsque vous contemplez la façon dont l'énergie descendant de l'inspiration équilibre l'énergie ascendante de l'expiration, ce qui provoque la calme sensation de suspension sans effort et le rayonnement de la conscience.

13. Pratiquez-le en contemplant la source des mouvements et des sensations énergétiques pendant la pratique de chaque asana.

Deux côtés de la même médaille : la réalisation du Soi et l'éveil de la kundalini

Le samadhi, c'est d'être conscient de ce qui est conscient. La conscience est absorbée en elle-même. En d'autres mots, l'objet de la conscience est la conscience elle-même. Dans le yoga classique des *Sûtras du Yoga* de Patanjali, le samadhi, (réalisation du Soi) est la dernière de huit étapes progressives préparatoires dans le système connue sous le nom d'*Ashtanga Yoga*. Dans les traditions monistes ou non dualistes, la réalisation du Soi est abordée par la méthode *vichara atma* (autoquestionnement), dans laquelle on se pose constamment des variations de la question « Qui suis-je ? » ou « Qui ressent cela... pense cela... expérimente cela ? »

Au travers de la pratique tantrique Shambhavi mudra (regard intérieur soutenu), vous pouvez aborder le samadhi, le Soi, la conscience pure, en devenant conscient de l'autre côté de la médaille de la conscience : l'énergie. En cultivant la conscience de l'énergie, la Shakti, comme décrit plus haut, vous devenez conscient de la conscience elle-même, Shiva. En vous abandonnant progressivement à Shiva-Shakti, vous devenez l'instrument lucide et puissant de leur Intelligence Créative afin d'aider à résoudre la myriade de problèmes de l'humanité.

ॐ Chapitre 18 ॐ

L'illumination est une conscience du soi resplendissante

Soyez présent maintenant. Être, présence. Il n'y a rien à faire. Soyez simplement… C'est la sensation derrière la pensée « *Je suis* ».

Être est simplement un état de conscience. Être amène à la conscience. Être conscient est être le Témoin du mental.

Le Témoin ne pense pas. Le Témoin regarde les pensées arriver et partir.

Le Témoin est dénué d'émotion. Le Témoin est capable d'observer les émotions apparaître et disparaître.

Plutôt que de voir, écouter, sentir, goûter ou toucher, le Témoin observe ce qui est vu, les sons, les odeurs, les goûts et les sensations qui surviennent et se terminent.

Le Témoin ne fait pas de choix. Ainsi, il observe les choix offerts.

Le Témoin est une *conscience du soi resplendissante.*

Être *resplendissant* veut dire rayonner la lumière. La lumière est plus qu'une métaphore pour la Conscience, le Témoin, l'observateur. Tout comme le soleil est séparé de ce qu'il illumine, la Conscience, le Témoin se distingue de ce qui est observé ou regardé.

La conscience du soi resplendissante est la reconnaissance de *Cela*, l'espace vaste et lumineux de l'Énergie-Conscience, qui est à la fois immanente et transcendante à toutes manifestations, et de laquelle tout émerge et dans laquelle tout disparaît : les pensées, les émotions et les choses vues, entendues, goûtées, senties et touchées.

C'est un flux immobile de cette Source non manifestée vers le manifesté et qui retourne à nouveau vers la Source non manifestée.

La reconnaissance de ce flux immobile est le cœur de la conscience.

C'est votre chemin vers la reconnaissance du Soi, votre cœur, la base de votre être.

Cette conscience est extatique.

C'est une conscience hors du temps. Elle l'a toujours été et le sera toujours.

Cette conscience transcende l'espace. Elle n'a pas de frontières. Elle est partout.

Toute forme émerge de cette Conscience universelle spontanément, mais n'est jamais différente de sa Source.

Toute forme est soumise aux limites du temps, de l'espace, de l'action et de la réaction, de la connaissance partielle, du pouvoir limité et du désir qui limite.

En vous, les cinq fonctions de cette Source fonctionnent toujours : création, préservation, dissolution, dissimulation et grâce, même sous la forme la plus morcelée.

L'oubli de cette Source, *d'une conscience du soi resplendissante*, est lui-même une expression ludique de la fonction de dissimulation ou d'obscurcissement de la Source.

Soyez calme, rien d'autre. Soyez conscience.

Soyez conscient de ce qui est conscient, tournez-vous vers l'intérieur dans le silence mental.

Voyez, à la lumière de la *conscience du soi resplendissante*, l'unité derrière toutes les différences apparentes de formes, car la forme elle-même est faite du feu de la Conscience pure.

Par la vue, l'ouïe, le toucher, l'odeur, la pensée ou l'émotion, voyez l'espace qui émerge entre et derrière chaque forme… et comment chaque forme est conservée un petit moment… et comment chaque forme retourne à la Source non manifestée, la *conscience du soi resplendissante.*

Vous, vous-même, « *Je suis* » sont la conscience du soi resplendissante. Pouvez-vous reconnaître *Cela* ?

Vous souvenez-vous ?

De plus en plus souvent, souvenez-vous et reconnaissez votre Soi, « *Je suis* », comme la *conscience du soi resplendissante.*

Voyez comme cette Félicité pure, inconditionnelle est présente à chaque fois que vous vous souvenez d'être présent et conscient.

Percevez cette félicité maintenant.

La félicité naît lorsque le sens de la restriction disparaît.

Demeurez dans la lueur de la conscience éveillée, dans la lumière de la conscience, alors que le monde des formes continue à émerger et se dissoudre, dans le jeu de l'unité et la diversité.

Appréciez cette Réalité Ultime, la félicité de la conscience pure, la liberté parfaite et l'identité avec l'Unique.

ॐ GLOSSAIRE ॐ

Advaita : la non-dualité.

Anandamayakosha : le corps spirituel ; l'âme ; le corps de béatitude ; l'être vrai éternel ou le Soi individuel.

Annamayakosha (*anna* signifie nourriture) : le corps spirituel ; le corps de béatitude ; l'être vrai éternel ou le Soi individuel.

Asamprajnata samadhi : l'absorption cognitive qui est transcendante, sans mouvement.

Atman : le Soi ; la conscience individualisée.

Bindu : le point ; la graine ; l'endroit de concentration ; le point de lumière ; l'énergie primordiale.

Brahman : la Réalité Absolue.

Citisakti : le pouvoir de la conscience.

Corps vital : voir *pranamayakosha.*

Dharana : la concentration.

Égoïsme : l'habitude de s'identifier aux sensations physiques, aux émotions, aux sentiments et aux pensées uniquement parce qu'ils se répètent constamment, créant l'illusion de la permanence.

Enchevêtrement : le processus connu dans lequel les particules se comportent immédiatement sous l'influence d'autres particules enchevêtrées, qui peuvent être spatialement très éloignées.

Être psychique : la voix et l'agent de l'âme, le délégué interne du Divin, toujours déployé pour nous guider et nous soutenir ; une partie de ananda maya kosha ; il est aussi l'instrument de la Grâce Divine ; il révèle tout dans notre nature qui résiste au Vrai, au Bon et au Beau.

Gunas : les qualités ou modes de la Nature : *tamas* (l'inertie, le doute, la fatigue), *rajas* (l'agitation et le désir) et *sattva* (l'équilibre, la sérénité et la compréhension).

Guru : le principe de la Nature par lequel la vérité est révélée et l'on obtient la transcendance des gunas ; un maître de sagesse illuminé est capable de transmettre ce principe.

Heisenberg : (voir le principe d'incertitude)

Indriya : instrument cognitif ou conatif.

Ishtadevata : le concept préféré de Dieu pour une personne.

Ishvara : le Soi spécial, qui n'est pas affecté par le désir ou les causes de la souffrance, pas même par le karma. C'est aussi l'Âme de toutes les âmes, le Soi immuable de tous les sois, non affecté par le pouvoir de son propre devenir, non perturbé par le jeu des gunas.

Jiva : l'âme individuelle ; la conscience individualisée et incorporée.

Jnana indriyas : les sens cognitifs : sentir, goûter, voir, toucher, entendre.

Karma indriyas : les sens conatifs : la communication (voix), la manipulation (main) la locomotion ou le mouvement (pied), l'élimination (anus) et la procréation (organes génitaux).

Kaya kalpa : formule alchimique pour rajeunir le corps physique développée par les Siddhas.

Kleshas : les cinq sources de souffrance : l'ignorance de notre vraie identité (la conscience), l'égoïsme, l'attachement, l'aversion et la peur de mourir.

Koshas : les enveloppes de l'énergie consciente dans les dimensions physique, vitale, mentale, intellectuelle et spirituelle de l'anatomie humaine.

Kundalini : le pouvoir et la conscience potentiels.

Laya Yoga : est le yoga de la dissolution qui entraine la rupture de notre identification habituelle avec le complexe corps-esprit, avec pour résultat la réalisation de notre vrai Soi ; le Kundalini Yoga.

Malas : ou les trois taches : *avidya* (l'ignorance de notre identité véritable), *karma* (les conséquences de nos pensées, mots et actions passées) et *maya* (l'illusion mentale).

Manamayakosha : le corps mental ; le sens-esprit ; la partie associée avec la connaissance, la perception par les sens, la réaction aux pensées, aux choses, la radiation de l'énergie mentale pour réaliser une idée, l'expression des idées par la parole.

Maya : le pouvoir de l'illusion mentale par lequel l'Un apparaît être plusieurs par la séparation du sujet (celui qui Voit) et de l'objet (celui qui est Vu) ; dans le Vedanta, l'illusion objective.

Moksha : la libération du concept du soi terrestre et de la souffrance due au karma et au désir.

Pasas : ou les trois entraves : *avidya* (l'ignorance de notre identité véritable), *karma* (les conséquences de nos pensées, mots et actions passées) et *maya* (l'illusion mentale).

Pasa : l'entrave, une des trois réalités dans le Shaiva Siddhantha.

Pasu : l'âme, une des trois réalités dans le Shaiva Siddhantha.

Pati : le Seigneur, une des trois réalités dans le Shaiva Siddhantha.

Prajnata : l'inspiration ; les accompagnements de *samprajnata samadhi*, la première étape de l'absorption cognitive : l'observation, la réflexion, la réjouissance et l'expérience *Je Suis*.

Pranamayakosha : le corps vital ; le siège des désirs, des sensations, des émotions, des passions, des aspirations, des énergies de l'action, des instincts de possession, de la peur, de la colère, de l'avidité, de la luxure, de la tristesse, de la joie, de la haine, des aversions, de la fierté, des attirances, des préférences, etc. Les corps mental et vital semblent se mélanger à la surface de la conscience, mais ils sont bien séparés l'un de l'autre.

Pranava : le son primordial ; Aum.

Pratyahara : la rétention de l'attention des objets externes de distraction ou de l'intérêt.

Principe d'incertitude de Heisenberg : affirme qu'il existe une limite fondamentale à la précision avec laquelle on peut connaître simultanément deux propriétés physiques d'une même particule, telle que sa position et sa quantité de mouvement. En termes simples, plus une propriété est mesurée avec exactitude, moins l'autre sera connue ou contrôlée ; l'expérience est affectée par l'observateur.

Purusha : celui qui Voit, la conscience ; dans le Samkhya il est unique ; dans le Vedanta ils sont deux : le mutable impliqué dans la Nature et qui jouit de son cosmos, l'autre, le Témoin immobile, silencieux ; la Gita en mentionne un troisième, Purushottama, qui possède à la fois la multiplicité mutable et l'unité immuable.

Purushottama : la Divinité suprême ; le Purusha supérieur, sa grandeur est toute la création et il possède à la fois la multiplicité mutable et l'unité immuable. Il révèle une Nature Divine supérieure, consciente par laquelle le Seigneur devient *jiva* (l'âme individuelle).

Rajas : un des trois modes de la Nature ; le pouvoir de mettre en mouvement ; l'énergétique ; se manifeste dans l'activité, l'agitation.

Réalisme local : les choses sont telles qu'elles sont, ici même ; un principe de la mécanique quantique ; les propriétés des particules peuvent être décrites complètement, et les propriétés demeurent localisées, signifiant qu'elles ne peuvent être transmises à un endroit différent plus rapidement que la vitesse de la lumière.

Sadhana : discipline yogique ; un ensemble de pratiques conduisant à la réalisation du Soi ; tout ce que vous pouvez faire pour vous souvenir de qui vous êtes et tout ce que vous faites pour abandonner que vous n'êtes pas.

Samadhi : l'absorption cognitive ; l'état sans souffle de communion avec Dieu ; être conscient de ce qui est conscient ; le silence mental.

Samkhya : un des six systèmes [darshans] de la philosophie indienne, qui énonce deux pôles de la réalité : le sujet (*Purusha*, la conscience) et la Nature objective (*Prakriti*) ; fait référence à Purusha comme étant unique.

Samskaras : les habitudes de pensée, de parole et d'action.

Samyama : la communion ; définit par Patanjali comme la combinaison de concentration, de méditation et de samadhi.

Sankalpa : l'intention.

Satchidananda : Être, Conscience et Félicité Absolue.

Sattva : un des trois modes de la Nature ; le pouvoir d'illuminer ; se manifeste comme la lumière, l'équilibre, le calme, la compréhension claire, la foi et la dévotion, la pureté.

Shaiva Siddhantham : possède deux écoles (a) le réalisme pluraliste, le système théologique développé par Meikandar au 12e siècle, qui énonce trois réalités, le Seigneur, l'âme et les entraves comme étant éternellement séparés ; c'est la croyance religieuse qui domine dans le sud de l'Inde ; (b) le théisme moniste, la perspective yogique de Tirumular dans le Tirumandiram.

Shakti : le pouvoir créatif, énergie, le principe universel féminin possédant trois formes : *iccha* (intention), *jnana* (vision) et *kriya* (projection) ; elles sont reflétées au niveau inférieur dans les trois gunas (sattva, rajas et tamas).

Shaktipat : la transmission de l'énergie spirituelle sur un disciple.

Shiva : l'intelligence cosmique ; bienveillant, le principe universel masculin, la luminosité, la conscience pure, *je*.

Shiva-Shakti : l'Énergie-consciente ; la Réalité absolue suprême ; l'Intelligence créative.

Siddha : un maître parfait ; celui qui manifeste les siddhis, pouvoirs yogiques.

Siddhantham : les enseignements des Siddhas du Yoga.

Siddhis : pouvoirs psychiques ou surnaturels.

Svarupa : la manifestation lumineuse du Soi ; lumière dorée éclatante.

Tamas : un des trois modes (gunas) de la Nature ; le pouvoir de la forme ou de la matière ; se manifeste comme l'inertie, la fatigue, la résistance.

Tantra : la toile d'énergie qui soutient toute chose dans l'univers. Cela fait aussi référence aux enseignements qui unissent Shiva et Shakti, la conscience et l'énergie, le spirituel et le matériel, le ciel et la terre, l'éternel et le temporel, l'infini et le fini. Celui qui pratique le *tantra* utilise des méthodes énergétiques impliquant le *prana* pour communier avec l'objet de dévotion ou d'attention. Le tantrisme voit toute vie en tant que personnification sacrée du Divin.

Tapas : des défis volontaires personnels pour transformer notre perspective égoïste par celle du Témoin ou pour surmonter toutes les limitations ; les pratiques intensives de yoga.

Tattvas : les principes de la nature ; 24 pour le Samkhya ; 36 pour le Shaiva Siddhantha et le Shivaïsme du Cachemire.

Tattva shuddhi : le lâchez-prise ; l'observation détachée ; la discrimination.

Turya : le quatrième état de la conscience.

Vairagya : cultiver le détachement.

Vasanas : les tendances ; ce qui a trait aux fantasmes particuliers, dont les désirs et les aversions ; les blocages énergétiques dans le corps-esprit, la dimension somatique.

Vettaveli : vaste espace lumineux, la conception préférée des Siddhas de l'Être Suprême.

Vijnanamayakosha : le corps intellectuel ; l'esprit qui raisonne ; la partie qui analyse, synthétise et construit des idées à partir de signes, d'indications et d'informations collectées.

Yamas : les cinq observances morales de yoga : la non-violence universelle, la véracité, la chasteté, l'absence de vol et l'absence de convoitise.

ॐ RÉFÉRENCES ॐ

Aurobindo, Sri. (1960). *La vie divine.* Pondicherry, Inde : Sri Aurobindo Ashram Press.

Aurobindo, Sri. (1970). *Essais sur la Gita.* Pondicherry, Inde : Sri Aurobindo Ashram Press.

Aurobindo, Sri. (1970). *Lettres sur le Yoga.* Pondicherry, Inde : Sri Aurobindo Ashram Press.

Ganapathy, T.N., & Arumugam, K.R. (2008). *The Yoga of Siddhar Tirumular: Essays on the Tirumandiram.* St-Étienne-de-Bolton, Québec : Le Kriya Yoga et les éditions de Babaji, inc.

Ganapathy, T.N., & Arumugam, K.R. (2004). *The Yoga of Siddhar Boganathar.* **(Volumes 1 et 2.)** St-Étienne-de-Bolton, Québec : Le Kriya Yoga et les éditions de Babaji, inc.

Ganapathy, T.N., et al. (2010). *Tirumandiram.* St-Étienne-de-Bolton, Québec : Le Kriya Yoga et les éditions de Babaji, inc.

Ganapathy, T.N., et al. (2006). *The Yoga of the Eighteen Siddhas: An Anthology.* St-Étienne-de-Bolton, Québec : Le Kriya Yoga et les éditions de Babaji, inc.

Govindan, Marshall. (1991). *Babaji et la tradition du Kriya Yoga des 18 Siddhas.* St-Étienne-de-Bolton, Québec : Le Kriya Yoga et les éditions de Babaji, inc.

Govindan, Marshall. (2000). *Les sûtras du Kriya Yoga de Patanjali et des Siddhas : traduction, commentaire et pratique.* St-Étienne-de-Bolton, Québec : Le Kriya Yoga et les éditions de Babaji, inc.

Govindan, Marshall. (2006). *La sagesse de Jésus et des Yoga Siddhas.* St-Étienne-de-Bolton, Québec : Le Kriya Yoga et les éditions de Babaji, inc.

Govindan, Marshall. (2008). *Kriya Yoga : Réflexions sur le chemin spirituel.* St-Étienne-de-Bolton, Québec : Le Kriya Yoga et les éditions de Babaji, inc.

Govindan, Marshall. (2011). *Faire l'opposé : les cinq clés du yoga pour avoir de bonnes relations.* [Version numérique]. Vous la trouverez ici : http://www.babajiskriyayoga.net/english/bookstore.htm

Lucas, Philip. (2012). « **Not So Fast, Awakened Ones.** » *The Mountain Path*, **49(1), 35–47.**

Mère La. (1987). *Questions et réponses.* Pondicherry, India: Sri Aurobindo Ashram.

Murthy, T.S. Ananda. (2003). *Shreeman Tapaswiji Maharaj: Saint Who Lived for 185 Years*. Bangalore, Inde: Sri Vishnu Ashram Trust Publication.

Neelakantan, V.T.N., Ramaiah, S.A.A., & Nagaraj, Babaji. (2003). *La voix de Babaji : Une trilogie sur le Kriya Yoga.* St-Étienne-de-Bolton, Québec : Le Kriya Yoga et les éditions de Babaji, inc.

Pew Research Center. *America's Changing Religious Landscape.* http://www.pewforum.org/2015/05/12/americas-changing-religious-landscape/

Rama, Swami. (1978). *Living with Himalayan Masters.* Honesdale, PA: The Himalayan Institute Publications.

Ramana, Sri. (1947). *Who Am I?* Tiruvannamalai, Inde. Sri Ramanashramam Publications. Vous trouverez une version numérique gratuite ici : http://www.sriramanamaharshi.org/resource_centre/publications/who-am-i-books/

Sankaracharya, Adi. (1998). *The Crest Jewel of Wisdom.* (*Viveka Chudamani*), traduit par Mohini Chatterji.

Satprem. (1968). *Sri Aurobindo ou l'aventure de la conscience.* Vous trouverez une version numérique gratuite en anglais ici : http://www.auro-ebooks.com/sri-aurobindo-or-the-adventure-of-consciousness/

Tirumular, Siddhar. (2010). *The Tirumandiram.* St-Étienne-de-Bolton, Québec : Le Kriya Yoga et les éditions de Babaji, inc.

Yogananda, Paramahansa. (1970). *Autobiographie d'un Yogi.* Los Angeles, CA: Self Realization Fellowship.

ॐ INDEX ॐ

E

G

H

I

J

K

L

M

N

O

P

R

S

T

U

V

Y

ॐ À propos de l'auteur Marshall Govindan ॐ

Marshall Govindan est l'auteur de *Babaji et la tradition du Kriya Yoga des 18 Siddhas*, maintenant publié en dix-sept langues ; de la première traduction internationale en anglais du *Thirumandiram: A Classic of Yoga and Tantra* ; et des ouvrages suivants : *Les sûtras du Kriya Yoga de Patanjali et des Siddhas* ; *La sagesse de Jésus et des Yoga Siddhas* ; et *Kriya Yoga : réflexions sur le chemin spirituel.* Depuis 2000, il a commandité et dirigé une équipe de six éminents spécialistes de l'Inde dans un projet de recherche d'envergure visant à préserver, transcrire, traduire et publier les écrits des Siddhas du Yoga tamouls du sud de l'Inde en 11 volumes.

Il est aussi le fondateur d'un ordre laïque d'enseignants du Kriya Yoga, qui compte trente-et-un membres dans une douzaine de pays. Il dirige les activités de centres de retraite et d'ashrams de yoga au Québec, à Bangalore et à Badrinath, en Inde et au Sri Lanka, ainsi que des œuvres caritatives enregistrées dans ces pays, dédiées à l'enseignement du yoga et à la recherche.

Il pratique intensivement le Kriya Yoga de Babaji depuis 1969 et a passé cinq années en Inde.

Il est diplômé de la *School of Foreign Service* de l'Université de Georgetown et de l'Université George Washington, D. C. En 2014, l'*International Yoga Federation* lui a décerné le prix honorifique « Patanjali Award » pour son service exceptionnel rendu au yoga.

Pour plus d'information, allez à :

http://www.babajiskriyayoga.net/french/home.htm

http://tirumandiram.net/

http://www.jesusandyoga.net/intro.htm

Autres titres disponibles aux Le Kriya Yoga et les Éditions de Babaji inc. :

La voix de Babaji : une trilogie sur le Kriya Yoga

de Babaji Nagaraj, V.T. Neelakantan et S.A.A. Ramaiah

« La Voix de Babaji et La Clé du Mysticisme », « L'Antidote de Babaji à Tous les Maux (Kriya) », et « La Mort de la Mort de Babaji (Kriya) », réédités ici, contiennent les profondes et importantes déclarations de l'un des plus grands maîtres spirituels vivants du monde. L'auteur, Satguru Kriya Babaji Nagaraj, a prédit que ce serait une source de délices et d'inspiration, illuminant le chemin du Kriya Yoga vers la réalisation de Dieu, vers l'unité dans la diversité et l'amour universel. Elles révèlent aussi la personnalité magnétique de Babaji et la manière dont il nous assiste tous, avec beaucoup d'humour et de sagesse. Ces livres inspireront le lecteur à adopter une forme pratique des vérités éternelles, et à pratiquer le Kriya Yoga de Babaji, un art scientifique pour l'union parfaite avec Dieu ou avec la Vérité. 524 pages. ISBN 978-1-895383-74-4.

◇◇

Autobiographie d'un Yogi

de Paramhansa Yogananda

Traduction de la première édition publiée en 1946 par la Librairie Philosophique

« L'Autobiographie d'un Yogi » est un trésor spirituel. À ce jour, des millions d'exemplaires ont été traduits et vendus en plus de 19 langues. Dans les éditions publiées après le décès de son auteur en 1952, beaucoup de choses ont été ajoutées ou enlevées à ce classique, incluant des sections complètes de texte. Jusqu'à maintenant, le public de langue française n'avait pas pu lire une traduction française de l'édition originale de 1946. Il est rare qu'un sage de la stature de Paramhansa Yogananda écrive de sa main un compte-rendu de ses expériences de vie. 516 pages avec 50 photos, ISBN 978-1-895383-93-5.

◇◇

Kriya Yoga : réflexions sur le Chemin Spirituel

Par Marshall Govindan et Durga Ahlund

Plusieurs personnes, qu'elles soient novices ou déjà sur le chemin spirituel, reconnaissent depuis longtemps le besoin d'un livre qui permettrait d'apprendre le Kriya Yoga, les raisons pour lesquelles on devrait le pratiquer, les difficultés et les moyens de les surmonter. Nous pensons que ce livre aidera tout le monde par les défis et les opportunités offerts par le Kriya Yoga. Nous devons tous faire face à la résistance de notre nature humaine, l'ignorance de notre vraie identité, notre karma, les conséquences des années de conditionnement par nos pensées, nos paroles et nos actions. En cultivant l'aspiration pour le Divin, le rejet de l'égoïsme et ses manifestations, l'abandon à notre vrai Soi supérieur et la Conscience pure du Témoin, nous pouvons surmonter cette résistance, notre karma et les nombreux obstacles sur notre chemin. Mais pour ce faire, nous avons besoin de beaucoup de soutien et d'inspiration en cours de route. 168 pages. ISBN 978-1-895383-73-7.

Les Sûtras du Kriya Yoga de Patanjali et des Siddhas

de M. Govindan

"L'étude (svadhyaya) a toujours fait partie intégrante du Yoga. L'ouvrage de Govindan offre une excellente base pour cette étude. Dans ce livre, Govindan partage sa longue expérience du Kriya Yoga, ainsi que son amour et son respect profond pour l'héritage du Yoga. Cet ouvrage, Les Sûtras du Kriya Yoga de Patanjali, de Marshall Govindan, est une contribution précieuse à l'étude du Yoga en général et aux Sûtras du Yoga en particulier. Je le recommande de tout cœur… particulièrement aux étudiants du Kriya Yoga, de plus en plus nombreux, qui trouveront ses conseils indispensables, mais les autres en bénéficieront également." Extrait de l'avant-propos de Georg Feuerstein, Ph. D., auteur de "The Sutras of Patanjali" et de "Encyclopedia of Yoga". "Une contribution importante à la sadhana de tous les étudiants sérieux du Yoga" – Yoga Journal (États-Unis). "Un excellent commentaire, facile à lire" – David Frawley. 291 pages. ISBN 978-1-895383-13-3.

Le Kriya Hatha Yoga de Babaji Une voie vers la Réalisation de Soi par la Vigilance dans l'Action

avec Marshall Govindan & Durga Ahlund

Apprenez les 18 postures développées par Babaji Nagaraj et soyez conscient de ce qui est conscient ! En devenant le Témoin, plutôt que l'Objet, la félicité surgit ! Ce cours unique sur DVD offre non seulement des directives détaillées pour développer la technique et l'alignement exact dans chaque posture, mais également pour stabiliser les états supérieurs de conscience qu'elles éveillent. Il comprend une introduction à la philosophie du yoga ainsi qu'un bref exposé sur la nature de l'esprit et sur la pratique de la conscience de Soi. Vous pratiquerez votre Yoga comme s'il s'agissait d'une méditation profonde. Durée : 2 heures. ISBN 978-1-895383-20-X

La sagesse de Jésus et des Yoga Siddhas

de M. Govindan

Ce livre s'adresse aux chrétiens qui souhaitent comparer les enseignements spirituels orientaux avec ceux du christianisme, aux étudiants du yoga spirituel autrement connu comme le yoga classique et le tantra et aux étudiants de la Bible. Il rejoint également les étudiants et les praticiens de la méditation et de toute autre discipline spirituelle. La découverte de manuscrits anciens et leur analyse par des érudits indépendants ont permis, grâce aux méthodes scientifiques modernes, d'éclairer d'un jour nouveau les enseignements de Jésus. "La sagesse de Jésus et des Yoga Siddhas" offre un exposé clair de l'ensemble des connaissances existantes et souvent confuses sur le Nouveau Testament, et de façon unique un lien entre les enseignements de Jésus et ceux des Siddhas de l'Inde du Sud. Son livre est cohérent et répond à toutes les questions que l'on peut se poser. C'est peut-être l'œuvre de M. Govindan la plus engagée et la plus attrayante jusqu'à présent. – Dr Georg Feuerstein, Ph. D. 200 pages. ISBN 978-1-895383-48-5.

Babaji et la Tradition du Kriya Yoga des 18 Siddhas

de M. Govindan

La première biographie de Babaji et de la tradition des Siddhas à laquelle il appartient. Babaji demeure aujourd'hui près de Badrinath, dans les hautes montagnes de l'Himalaya. Ce livre donne des explications claires sur les effets psychophysiologiques du Kriya Yoga ainsi que des lignes directrices pour sa pratique. Apprenez comment intégrer les dimensions matérielles et spirituelles de la vie. 192 pages, 33 photos couleur, 100 références bibliographiques, 4 cartes. ISBN 978-1-895383-01-0.

La Grâce du Kriya Yoga de Babaji : Un cours par correspondance

Le Kriya Yoga de Babaji offre maintenant aux initiés comme aux non-initiés un cours de yoga par correspondance en français. Ce cours - mensuel - a été conçu pour nous aider à comprendre plus en profondeur les principes et les pratiques du yoga et la transformation qu'il opère. Le cours vise à nourrir l'être aux niveaux physique, mental, intellectuel et spirituel, et à mieux saisir le but de sa pratique dans notre vie. Au cours de la démarche, on comprendra mieux pourquoi l'on pratique le Kriya Yoga de Babaji non seulement pour son propre bien-être, mais aussi celui de sa famille, de ses amis(es) et du monde entier. Les différentes pratiques (hatha yoga, pranayama, méditation, répétition de mantra) mènent à l'expérience du Soi. Une fois qu'on établit une relation intime avec le Soi, les tendances égoïstes sont remplacées par un sentiment d'être guidé par ce Soi supérieur, et alors on trouve sa mission, son dharma. À ce moment, le corps et l'esprit deviennent les instruments de cette voie. Le cours par correspondance offre un tel véhicule. Il est grand temps de commencer à partager la grâce et l'amour.

Chaque mois on apprendra à intégrer les différents enseignements et pratiques du Kriya Yoga de Babaji dans la vie quotidienne. Au cours de l'année, vous recevrez chaque mois par la poste un cours de 15 à 20 pages sur un thème spécifique. Ces enseignements, tirés principalement des livres dictés par Babaji en 1952 et 1953, ont été réédités récemment sous le titre The Voice of Babaji : A Trilogy on Kriya Yoga. S'y ajouteront des extraits des travaux des Siddhas, de Sri Aurobindo, de La Mère, de Ramalinga Swamigal ainsi que de la philosophie védanta ; le tout reflétant la tradition du Kriya Yoga de Babaji. Année 1 & 2 disponibles. 12 leçons par année d'abonnement.

Pour commander nos livres, CD et DVD :

Appelez sans frais : 1-888-252-9642 ou (450) 297-0258 - Fax : (450) 297-3957
Courriel : info@babajiskriyayoga.net

Nous acceptons VISA/MasterCard/Americain Express ou envoyez un chèque ou mandat poste à :

Les Éditions Kriya Yoga inc., C.P. 90, Eastman, Québec, Canada, J0E 1P0

Tous nos prix incluent les frais d'expédition et les taxes.
faites vos achats en ligne : www.babajiskriyayoga.net

Europe : Achetez directement de Cédric Mantegna 6 rue de la Maladière
21160 Marsannay La Côte, France, tél : 06.88.39.47.29 Courriel : cedric_m@live.fr